Les cahiers du jardinier

potagers
SURÉLEVÉS

Folko Kullmann

MARABOUT

Publié pour la première fois en Allemagne en 2015
sous le titre *Gärtnern mit dem Hochbeet*
par Gräfe und Unzer Verlag Gmbh, Munich.
Textes © 2015 Folko Kullman

© 2018 Hachette Livre (Marabout) pour la présente édition
française

Traduction : Pierre Malherbet
Mise en pages : Les PAOistes
Relecture : Odile Raoul

Hachette Livre – Marabout
58 rue Jean Bleuzen, 92178 Vanves Cedex

3644061/02
ISBN 978-2-501-13028-8
Dépôt légal : mars 2018
Achevé d'imprimér en janvier 2019 par Macrolibros

SOMMAIRE

Parterres surélevés au jardin

Les parterres surélevés sont géniaux. On les trouve dans différents matériaux, de constructions diverses, pour tous les goûts, tous les styles de jardin et toutes les bourses. Qu'importe qu'il s'agisse d'élégants carrés surélevés en pierres ou rustiques en bois : grâce à un parterre surélevé, vous êtes indépendant de la nature de votre sol et pouvez cultiver des fruits, des herbes aromatiques, des fleurs et des petits buissons où bon vous semble. Et tout ça sans avoir à vous baisser ! Les parterres surélevés forment également de parfaits séparateurs et vous pouvez les envisager de bien des façons lors de la conception du jardin dont vous rêvez.

DES PARTERRES SURÉLEVÉS POLYVALENTS
Un éventail de possibilités pour chaque jardin

Grâce aux parterres surélevés, vous pouvez planter presque toutes les plantes dans votre jardin, sur votre terrasse ou votre balcon. Ils cloisonnent votre jardin et élargissent ses possibilités d'usage. En un mot : ils constituent un véritable enrichissement.

L'IDÉE de cultiver des parterres surélevés n'est pas neuve. Déjà au Moyen Âge, on recourait à des buttes pour jardiner parce qu'on avait constaté que les plantes s'y développaient mieux que sur des surfaces planes. En raison de la surface légèrement inclinée d'une butte, les rayons du soleil atteignent le sol de biais et le réchauffent plus rapidement. Afin que, lors de l'arrosage, la terre ne s'en aille pas, on a rapidement eu l'idée de renforcer les bordures de la butte par des poutres, des planches en bois ou des clayonnages. C'est ainsi qu'a été ouverte la voie menant aux parterres surélevés. Certes, ils ne sont plus bombés comme les buttes d'antan, mais la terre se réchauffe tout de même plus vite parce que les rayons du soleil tombent sur leurs bords. Les jardiniers des potagers français et des jardins de l'Angleterre victorienne ont ainsi su tirer profit de la chaleur dégagée par les parterres de compost qui favorisaient la croissance des cultures. Dans de tels cas, la chaleur du fumier tout chaud se communique aux plantations. Qu'y avait-il alors de plus simple que de développer ces différentes formes de parterres et de méthodes de culture ? C'est ainsi que sont nés les premiers parterres dans des caisses pour la culture de fruits et de légumes sensibles, aimant la chaleur, dans les jardins des aristocraties française et anglaise. Ils gagnèrent rapidement les jardins des simples citoyens.

Les parterres surélevés sont plus encore

Ils sont bien plus encore ! Ils sont parfaits si vous voulez cultiver des légumes dans votre jardin ou sur votre terrasse et que vous ne voulez pas passer beaucoup de temps à arracher les mauvaises herbes, lutter contre les limaces, procéder à l'amélioration de votre sol, ou vous lancer dans la rotation des cultures ou la polyculture, comme on le ferait dans un potager traditionnel.

Un carré potager surélevé est comme une petite parcelle de culture intensive. Vous pouvez récolter en plus grandes quantités et plus souvent sur la même surface que dans un potager traditionnel. En outre, il est possible de placer un carré surélevé directement sur ou contre votre terrasse. Ainsi avez-vous toujours des légumes et des herbes fraîches sous la main, sans devoir traverser votre jardin et être trempé un jour de pluie.

La conception d'un jardin à l'aide de parterres surélevés

Grâce à eux, vous pouvez diviser votre jardin en plusieurs espaces, contrer les pentes, composter les déchets organiques, sans nuire à l'harmonie des lieux et cultiver des plantes qui ne pousseraient pas dans votre terre.

Qu'importe la taille du jardin, un carré surélevé représente toujours un enrichissement. Et lorsque vous aurez commencé à jardiner de la sorte, vous ne pourrez alors plus vous en passer.

La salade récoltée dans son propre jardin est incroyablement croquante et fraîche. Cultivée dans un carré potager surélevé, vous pouvez la cueillir sans vous baisser.

Fraîchement cueillies dans son propre jardin, les salades sont incroyablement croquantes. Cultivées dans un carré potager surélevé, vous n'avez pas besoin de vous baisser pour les récolter !

DE NOMBREUX AVANTAGES
Des possibilités infinies

Les parterres surélevés présentent tant d'avantages qu'on se demande bien pourquoi on n'a pas pensé plus tôt à en installer un dans son propre jardin. À votre tour de jardiner en toute simplicité, sans maux de dos.

Un parterre surélevé en forme de pyramide inversée vous permet d'aller au plus près de vos cultures.

JARDINER À HAUTEUR DE HANCHES

offre de nombreux avantages, et pas seulement ceux de ne plus devoir se baisser pour la récolte et les travaux du jardin.

Adieu les tours de reins

Les parterres surélevés sont parfaits si vous souhaitez renoncer aux travaux fastidieux de bêchage, sarcler et arracher moins souvent les mauvaises herbes. De plus, on ne se brise plus le dos, au sens propre. Tous les travaux (semer, planter, arracher les plants, les soigner et récolter) peuvent être accomplis confortablement, debout ou assis sur une chaise de jardin. Pour vous reposer, vous pouvez toujours prendre appui sur le bord de votre carré potager.

Un autre avantage est que vous avez toujours vos plantes sous les yeux et que vous réalisez vite s'il faut les arroser ou si les fraises sont mûres.

Un meilleur rendement

Dans un carré potager, les plantes profitent de la terre qui leur convient parfaitement. Aussi la récolte d'herbes aromatiques ou de légumes est-elle bien plus élevée que dans un jardin classique.

Une terre riche en nutriments

Vous pouvez remplir un parterre surélevé de ce que vous voulez : d'une couche de compost classique (voir p. 58) ou d'une terre riche spéciale (voir p. 59) pour les tomates ou les légumes-feuilles. Un mélange de compost et de terre peut également servir de booster de croissance, puisqu'il contient plus de nutriments que la terre d'un parterre traditionnel du potager. Cela signifie une croissance plus rapide, des feuilles plus grandes, des racines plus épaisses et plus de fleurs. Non seulement vous pouvez récolter davantage, mais aussi plus tôt, et ainsi cultiver 1 ou 2 pieds de salades de carottes, d'herbes ou de radis supplémentaires que sur un parterre classique, à même le sol, avec de la terre normale.

Moins de problèmes

Limaces, mauvaises herbes, campagnols, maladies fongiques, telles le mildiou et la pourriture grise des tomates (botrytis), la hernie du chou ou la mouche de la carotte… chaque jardinier aurait beaucoup à en dire. Bien entendu, maladies et ravageurs peuvent également envahir un parterre surélevé ; il

ne s'agit pas d'un bloc opératoire stérile. Mais vos cultures resteront à l'abri de la plupart des hôtes indésirables. Les mouches de la carotte, par exemple, volent rarement à plus de 50 cm du sol. Aussi vos carottes sont-elles en sécurité dans vos carrés potagers. Quant à vos tomates, à une telle hauteur, elles n'ont rien à craindre de la pourriture grise.

Jardiner sans arracher de mauvaises herbes

Si des adventices pointent leur nez dans votre carré, il est alors facile de les arracher d'un tour de poignet, avant qu'elles ne deviennent envahissantes et qu'elles ne se reproduisent. Les mauvaises herbes à racines, telles l'égopode podagraire, le chiendent et le liseron des champs, n'apparaissent quasiment jamais dans les parterres surélevés.

Aucune chance pour les limaces

Les limaces sont des reines de la grimpe et peuvent escalader chaque carré surélevé sans la moindre difficulté. Mais vous pouvez protéger vos plantes bien plus facilement contre ces mollusques gloutons qu'avec un parterre simple. Une bande de cuivre, courant le long du rebord du parterre surélevé, constitue un premier obstacle. Une classique barrière anti-limaces peut également

Astuce pratique ....

La culture d'un carré surélevé commence en moyenne 2 semaines plus tôt que celle d'une plate-bande traditionnelle ; la terre se réchauffe plus rapidement parce que les rayons du soleil ne tombent pas seulement en surface, mais également sur les parois du carré. Par ailleurs, la chaleur due à la décomposition dans un carré surélevé de compost entraîne une augmentation de la température de 1 à 4 °C de plus que dans un parterre traditionnel.

être aisément apposée autour d'un carré potager. Cependant, il se peut que la terre ou le compost de votre carré contienne des œufs. Aussi faut-il prévoir d'utiliser un hélicide avec une forte concentration de fer sous forme de phosphate, respectueux de l'environnement. Dans la plupart des cas, un traitement unique au printemps suffit pour toute la saison.

Plantes spécifiques

Puisqu'on peut remplir un carré surélevé de la terre ou du substrat de son choix, il est possible d'y cultiver des plantes ne poussant pas normalement dans votre sol, comme les herbes aromatiques méditerranéennes qui ont besoin d'un sol maigre.

Les pierres emmagasinent la chaleur pendant la journée et la diffusent aux plantes pendant la nuit.

Une simple clôture en branches de saule enjolivera vos parterres surélevés.

Un parterre surélevé vous permet de cultiver vos légumes, y compris sur une surface pavée. L'important volume de terre réduit la fréquence de l'arrosage. Bien sûr, aromatiques et légumes ont tout de même besoin d'être arrosés de temps à autre.

Les facteurs à prendre en compte

L'endroit où vous installerez votre carré potager surélevé dans votre jardin dépend de différents facteurs.

* Quelles plantes souhaitez-vous y cultiver ? Les légumes et les herbes aromatiques ont besoin d'une situation ensoleillée et à l'abri du vent (voir p.32-33).

* Réfléchissez précisément à l'emplacement : un carré surélevé, rempli de compost ou de terre, ne peut pas se déplacer aussi facilement qu'un pot ni qu'une jardinière.

* Plus haut est votre carré, plus vous aurez besoin de matière pour le remplir. Un parterre surélevé aux dimensions standard 2 × 1,2 × 0,8 m (longueur × largeur × profondeur) a un volume de quasiment 2 m³, soit environ 25 sacs de compost ou de terreau représentant 1,5 t. Il faut apporter tout ça dans votre jardin, si vous n'avez pas ce qu'il faut sur place. Les sentiers de votre jardin le permettent-ils ?

* Si le carré surélevé est situé sur une surface en dur et imperméable, telle une cour intérieure bétonnée, la mise en place d'un drainage est vivement recommandée afin d'éviter la stagnation de l'eau (voir p. 23). Si l'excédent d'eau ne peut pas s'écouler, cela provoque l'étouffement des racines, dû au manque d'oxygène, puis leur pourriture. C'est alors toute la plante qui dépérit. En outre, l'eau salace, qui coule dans les interstices entre le carré surélevé et le sol pour se répandre sur toute la terrasse, n'est pas du meilleur effet.

Des éléments du jardin

Lorsque le carré surélevé est utilisé comme élément à part entière dans la conception du jardin, son aspect est important. Au bout de 2 ans, on voit très bien qu'un carré surélevé en bois, convenant tout à fait pour la culture des légumes, a dû affronter la pluie et le vent. Si le carré surélevé se trouve contre la terrasse ou dans le champ de vison depuis la maison, des constructions en pierres naturelles, briques ou métal sont plus attrayantes sur la durée. Si vous tenez vraiment au bois, recouvrez-le d'une couche de peinture non nocive (voir p. 39).

Carré potager surélevé

Un parterre surélevé destiné à la culture des légumes et des herbes aromatiques doit avant tout être pratique. Cela signifie qu'il doit être facile à gagner depuis la maison, sans qu'on ait à marcher sur le gazon ni sur les chemins. Sans compter qu'en cas de pluie, vous apprécierez de couper quelques brins de persil les pieds au sec. Il est aussi bon d'avoir ses plantes sous les yeux : en été, pendant les fortes chaleurs, vous savez à quel moment il faut les arroser. Comme les cultures d'un parterre surélevé peuvent être plus denses que celles d'un parterre traditionnel, elles doivent être arrosées plus fréquemment. Avoir une arrivée d'eau ou un tuyau à proximité est une bonne idée. Un parterre surélevé rectangulaire convient parfaitement à la culture des légumes ; il est plus facile d'y semer ou d'y planter des rangs ou des carrés de légumes. Les soins des cultures comme l'arrosage ne sont pas compliqués, et une

Les parterres surélevés aux murs courbes sont plus dynamiques et se fondent harmonieusement dans le jardin.

construction rectangulaire est plus simple à réaliser qu'un parterre surélevé aux bords arrondis ou ronds.

Un compromis : des bordures surélevées

Des bordures surélevées en planches, d'une hauteur de 20 à 30 cm, sont un bon compromis entre un parterre traditionnel et un parterre surélevé. La couche du substrat est suffisamment épaisse pour y cultiver toutes les essences courantes, comme les salades, les bettes, le chou-rave et les fraises. Ainsi pouvez-vous également faire pousser des fruits et des légumes sur des surfaces pavées ou bétonnées, comme une cour intérieure ou une terrasse, sans beaucoup d'investissements. Comme on peut mettre beaucoup plus de terre dans une caisse de ce genre que dans des pots individuels, les plantes ont plus de place pour grandir et n'ont pas besoin d'autant d'eau que des spécimens isolés dans des pots, jardinières ou caisses.

TOUS LES MATÉRIAUX POSSIBLES
Réaliser tous vos vœux

Bois, canisses, pierres naturelles, métal, tôle ou plastique : aucun matériau dont on ne puisse faire des carrés surélevés. Certes, ils en déterminent le prix, mais aussi la durée et les usages.

BOIS, PIERRE OU BRIQUES

Ce sont les matériaux les plus fréquents pour la construction d'un parterre surélevé. D'autres matériaux peuvent également être utilisés. Gardez toujours à l'esprit que votre jardin doit être perçu comme un ensemble. Un mélange hasardeux de matériaux lui conférera un aspect désordonné et peu avenant.

Parterres surélevés en bois

Les parterres en bois sont simples à construire, bon marché et peuvent prendre toutes les formes. Il faut cependant les protéger contre l'humidité.

*   Les bois tendres, comme l'épicéa, le sapin ou le pin, ne coûtent pas chers. Mais ces variétés ont besoin d'une couche de protection ou d'une imperméabilisation afin de ne pas être envahies par les champignons.

*   Les bois durs, comme le chêne, le mélèze ou le robinier, sont plus chers, ils sont aussi plus jolis et durent de nombreuses années. Avec le temps, ils se couvrent d'une belle patine et ressemblent alors à des variétés tropicales, tel le teck ou le bangkiraï.

Dans tous les cas, tapisser l'intérieur d'une fine bâche pour bassins augmente considérablement la durée de vie du bois, puisque la terre humide n'entre pas en contact avec lui. Si vous voulez badigeonner l'extérieur du parterre surélevé d'une lasure ou peinture, il est important d'en choisir une respectueuse de l'environnement et non nocive pour les plantes. En effet, les intempéries, la pluie et le vent vont la rincer et en mélanger les coulures à la terre du jardin.

Les parterres surélevés en canisse de branches de saule conviennent parfaitement aux jardins traditionnels.

Des dalles pour sentiers installées à la verticale permettent de construire rapidement des parterres massifs.

Le bois est facile à travailler. Il en existe différents types pour créer toutes les formes que vous souhaitez.

Des parterres surélevés métalliques ont du style et conviennent parfaitement aux jardins modernes.

Vannerie et canisse en saule

Ces types de matériaux, brandes de bruyère ou canisses, sont peu chers, faciles à assembler et idéaux pour le potager. Afin d'éviter que la terre ne s'échappe de tels carrés surélevés lors de l'arrosage ou par temps pluvieux, il faut en tapisser l'intérieur avec une toile de paillage. Il est nécessaire également de veiller à ce que ces matériaux ne pourrissent pas, et de les remplacer, le cas échéant.

Pierres, briques, dalles et béton

Un parterre surélevé massif en pierres, briques ou briques hollandaises est du meilleur aspect. Si vous utilisez les mêmes matériaux que pour votre terrasse ou vos chemins, votre jardin est harmonieux et cohérent.

* La pierre naturelle est ce qu'il y a de plus beau, mais elle a un coût. Essayez toujours d'utiliser des matériaux locaux : le transport est moins onéreux. Avant d'acheter, procédez à un test d'humidité : de nombreuses pierres claires s'assombrissent après la pluie et prennent un aspect bien différent. Un bon marchand a toujours un arrosoir à disposition.
* Les briques en argile cuite ont l'air naturel. Les briques hollandaises sont plus résistantes encore à l'eau et aux intempéries, car elles sont cuites à plus haute température.

* Les dalles de différents matériaux ou de simples dalles pour les chemins, placées verticalement et fichées dans le sol, sont parfaites pour construire rapidement et sans effort un parterre surélevé.
* Avec le béton, presque toutes les formes sont possibles. Il faut renforcer les parois d'une armature en acier pour qu'elles ne se déforment pas sous la pression de la terre.

Métal

Le métal donne du style et peut se travailler à l'envi pour obtenir une grande variété de formes. La surface peut être zinguée à chaud, recouverte d'une patine brute – à l'aspect rouillé comme l'acier Corten – ou d'une peinture protectrice. Afin d'éviter que les racines ne brûlent par fortes températures, il convient de tapisser l'intérieur du parterre d'une couche isolante de polystyrène (3-5 cm).

Plastique

Les carrés surélevés en plastique (recyclé) sont la plupart du temps bon marché et faciles à assembler. Les modèles gris sombre sont neutres et s'intègrent mieux au jardin que les modèles marron, verts ou terracotta.

PLANTER UN PARTERRE SURÉLEVÉ
Pour tous les goûts

Légumes, herbes aromatiques, fruits, baies ou fraises s'acclimatent très bien dans un parterre surélevé. Vivaces, herbes, fleurs d'été, bulbes et petits buissons y prospèrent également.

FRUITS, LÉGUMES ET HERBES AROMATIQUES

sont des classiques pour les parterres surélevés. Une terre riche en nutriments, peu de mauvaises herbes et de nuisibles, ainsi que beaucoup de chaleur rendent possibles tous les records.

Légumes et herbes aromatiques

La riche teneur en nutriments de la terre d'un carré potager surélevé est idéale pour des légumes gourmands, tels les choux, les céleris, les tomates et les courgettes. Des légumes aux besoins moins importants, comme les radis, les salades, les carottes, les épinards, les betteraves et les bettes, ou des essences plus sobres encore, comme les oignons, les pois et les haricots nains, poussent bien dans des parterres surélevés. Pour faire votre choix, faites plutôt attention à la croissance

qu'aux besoins en nutriments : lorsqu'on jardine à hauteur de hanches, haricots et tomates nécessitant un tuteurage ne sont pas indiqués. Il faudrait utiliser une échelle pour la récolte et l'entretien. Dans la mesure où c'est vous qui décidez de la composition de votre terre, vous pouvez tout simplement cultiver ce dont vous avez envie. Dans un parterre surélevé, la rotation des cultures n'est pas si essentielle que pour une plate-bande traditionnelle : les essences exigeant une terre riche la première année, celles requérant une terre moins riche la deuxième année et, enfin, la troisième année, celles ayant des besoins faibles en nutriments. Les longues périodes de jachère, comme c'est le cas pour le chou, afin de réduire les risques de maladie ne sont pas indispensables. Si vous souhaitez cultiver des brocolis 2 années de suite, ajoutez simplement de la terre neuve ou du compost. Les herbes de cuisine, comme le persil, la ciboulette, la livèche, le cerfeuil et l'aneth, poussent incroyablement bien dans les parterres surélevés et profitent pleinement des conditions privilégiées qu'offrent ces derniers.

Cas particulier : herbes pluriannuelles

Les herbes annuelles, comme le basilic, apprécient l'eau et les nutriments réguliers et ne doivent en aucun cas se trouver dans un environnement trop sec. Ses parents méditerranéens qui passent l'hiver poussent bien lorsqu'ils sont au chaud et au sec.

＊ Les herbes annuelles, comme le thym, l'hysope, le romarin, l'origan, la sauge et l'immortelle, poussent trop vite dans un parterre surélevé avec du compost, n'ont que

Hysope officinale, thym, immortelle d'Italie et sauge ont besoin d'un parterre surélevé rempli d'une terre pauvre.

Comme le substrat d'un parterre surélevé contient beaucoup de nutriments, les salades peuvent être plantées en rangs plus serrés.

peu d'arômes et font de nombreuses pousses tendres particulièrement sensibles au gel. Plantez-les dans un parterre surélevé dédié, que vous remplirez d'un mélange de substrat pour jardins terrasses. Il n'est pas si riche en nutriments, se réchauffe rapidement et permet à l'excédent d'eau de couler.

* Les herbacées vivaces, comme toutes les menthes et la mélisse officinale, doivent être cultivées dans leur propre carré surélevé ou dans une caisse (voir p. 56). Ainsi pourront-elles se développer et s'étendre sans déranger les plantes voisines.

Fruits à grignoter

Bien entendu, les fraises ne peuvent en aucun cas être absentes d'un parterre surélevé, de même que nombre de baies qui s'y sentent bien. Au fond, il est possible de planter ce qu'on veut dans un parterre surélevé, pour peu qu'il s'agisse d'espèces pas trop hautes. Ainsi, arbres et ronces à fruits seront mieux en pleine terre.

Arbustes baccifères

Groseilliers rouges, blancs ou cassissiers poussent très bien dans un parterre surélevé, rempli de terre pour jardinières ou d'un mélange de terre de jardin et de terreau. Pour les airelles, qui n'aiment pas le

Récolte record de fraises dans un parterre surélevé

Un parterre surélevé est idéal pour les fraises qui vous poussent directement dans la bouche. Ces fruits qui, d'un point de vue botanique, ne sont pas des baies mais des polyakènes, se développent particulièrement bien dans la terre riche d'un parterre surélevé au compost. Plantez-les sur les bords afin que les fruits tombent par-dessus. Dans un parterre surélevé, oubliez la pourriture grise. Si vous voulez faire des récoltes en continu, plantez dès début mai toutes les 2 semaines des plants Frigo – il s'agit de fraisiers en bottes à racines nues et conservés au frais. Neuf semaines environ après la plantation, vous pourrez faire votre première récolte.

calcaire et préfèrent les sols acides et humifères, les parterres surélevés remplis de terre de bruyère sont l'idéal. Afin que les buissons ne deviennent pas trop hauts, on peut les tuteurer au printemps. Pour les groseilliers à maquereau, choisissez des variétés résistant au mildiou et inermes, qui sont plus faciles à entretenir et à récolter (voir p. 129).

Vivaces et graminées

Au contraire des légumes et de la plupart des herbes aromatiques, les vivaces sont plurianuelles. Cela signifie qu'elles subsistent à l'hiver grâce à leurs rhizomes et qu'elles repartent à chaque nouveau printemps. Il y a même des espèces qui restent vertes toute l'année en arborant leur feuillage persistant. Vivaces et graminées se trouvent presque partout dans la nature, aussi s'en trouve-t-il pour presque tous les emplacements du jardin. Comme un parterre surélevé sur la terrasse ou dans le jardin, utilisé en guise de séparateur d'espace par exemple, reste en permanence dans le champ de vision, les variétés qui restent belles pendant de longues périodes sont particulièrement appropriées. Tandis que les fleurs d'été (voir page

De la lavande prospère au pied d'un parterre surélevé blanc. Sa couleur rappelle celle du mur.

Astuce pratique ....

Pour les vivaces, les graminées et les roses d'un parterre surélevé, utilisez un substrat pour toit végétalisé, un mélange de terre de jardin et de granulés de lave ou du terreau de jardinières avec une forte composante minérale (argile et sable). Le compost, comme le terreau pour fleurs de balcon, s'affaisse trop rapidement et vous devrez remplir de nouveau le parterre surélevé ou en changer la terre au bout d'un an.

de droite) sont belles avant tout en raison de leur longue floraison, vivaces et graminées offrent un nouvel aspect tout au cours de l'année. La floraison suit le bourgeonnement printanier, parfois jusqu'à tard dans l'automne en fonction des espèces. Par ailleurs, de nombreuses vivaces ont de belles couleurs d'automne et d'hiver. Combinez ces plantes avec des fleurs bulbeuses comme les crocus, les tulipes et les narcisses, afin que le parterre se colore dès le printemps, avant la floraison des autres plantes. Astuce : la tulipe des bois a un aspect longiligne et élégant ; à l'inverse des espèces à haut rendement, son bulbe ne doit pas être retiré de terre l'été après en avoir coupé le feuillage en fin de floraison.

Vivaces de plein soleil

Il y a d'innombrables variétés de vivaces à planter dans un parterre surélevé sur une terrasse orientée vers le sud, le sud-est ou le sud-ouest. Normalement, toutes les essences proposées dans le commerce conviennent. Pour les vivaces aux forts besoins en nutriments, prévoyez un substrat riche. Choisissez une terre plus maigre pour les espèces plus sobres. Toutes ces variétés supportent la chaleur et le manque d'eau et elles ne craignent pas que la terre du parterre surélevé ne s'assèche pendant le week-end ou les vacances. Combinez des yuccas avec de la sauge des bois (*Salvia nemorosa*), de l'achillée à feuilles de fougère (*Achillea filipendulina*, hybride 'Feuerland'), de l'euphorbe polychrome (*Euphorbia polychroma* 'Fireworks') et de la lampourde

Sauge des bois et achillée à feuilles de fougère d'un parterre surélevé s'élèvent à hauteur de vue.

(*Acaena microphylla*). Des variétés comme l'anis hysope (*agastache*), l'hysope (*Hyssopus*), la lavande (*Lavandula*) ou l'œillet (*Dianthus gratianapolitanus*) répandront de surcroît un très agréable parfum.

Vivaces d'ombre

Plantez des vivaces supportant l'ombre ou la mi-ombre dans des parterres surélevés qui ont moins de 5 à 6 heures d'ensoleillement par jour. Le choix est immense et de nombreuses espèces restent belles toute l'année. Les bergénies (*Bergenia*) sont toujours vertes et font des fleurs roses ou blanches, les fleurs des elfes (*Epimedium*) se parent d'un feuillage multicolore et d'élégantes fleurs roses, rouges, jaunes ou blanches, et le lamier maculé (*Lamium maculatum,* 'Pink Pewter') recouvre en peu de temps tout le parterre de ses feuilles argentées et de ses fleurs roses. N'hésitez pas non plus à planter des hostas et des heuchères (*Heuchera*). Les hostas mesurent moins de 15 cm à plus de 1 m. Leurs feuilles vont du vert clair au vert foncé, elles peuvent être aussi blanches, jaunes, à rayures vertes ou panachées, même argentées ou bleuâtres. Les boutons en forme de clochettes se trouvent sur de longues tiges, ils sont blancs, roses ou bleu clair. Les heuchères arborent des feuilles vert clair, jaunes, pourpre ou argentées, et d'innombrables mélanges de couleurs et de motifs. Les tendres hampes portent leurs fleurs roses de mai à fin août.

Graminées

Les graminées introduisent du changement dans le parterre surélevé avec leurs brins fins et leur délicate inflorescence. De nombreuses variétés restent tout le temps vertes, faisant du parterre un coin de verdure en plein hiver. Pour les parterres ensoleillés, choisissez de la stipe barbue (*Stipa barbata*), du boutelou gracieux (*Bouteloua gracilis*) ou de l'agropyron (*Elymus magellanicus*). Plantez des laîches (*Carex*) et l'une des nombreuses variétés d'herbe du Japon (*Hakonechloa macra*).

Fleurs d'été

Les fleurs d'été fleurissent tout l'été, comme l'indique leur nom. Elles sont annuelles : elles germent, poussent, fleurissent et font des fruits en l'espace d'une saison, puis meurent. Les plus belles sont les cosmos (*Cosmos*), le pavot de Californie (*Eschscholzia*), le cléome épineux (*Cleome*), la nigelle de Damas (*Nigella*) ou encore la rudbeckie hérissée (*Rudbeckia hirta*). Si vous voulez vous éviter de choisir parmi toutes ces variétés, optez pour un mélange de semences contenant différentes espèces cohabitant bien ensemble et fleurissant longtemps.

Prenez place au milieu d'un nuage parfumé et de couleurs éclatantes : lilas, vivaces et fleurs d'été.

LES PARTERRES SURÉLEVÉS, OUTILS D'AMÉNAGEMENT
La variété est un atout

Le mot « parterre surélevé » fait d'abord penser à des caisses pour accueillir les légumes et les herbes aromatiques. Les parterres surélevés sont aussi des éléments géniaux pour délimiter un jardin ou attirer le regard. Ils constituent un enrichissement esthétique de tous les jardins.

Parterres surélevés pour balcon : légers et effilés.

TOUT SIMPLEMENT GÉNIAUX :

bacs à plantes, séparateurs d'espace, brise-vue, assises, décoration… les parterres surélevés sont des éléments raffinés de l'aménagement d'un jardin. Grâce à eux, vous pouvez diviser de grands jardins en agréables jardinets, profiter de légumes, d'herbes aromatiques et de baies à cueillir à proximité de la maison, sur la terrasse, tout en vous occupant facilement de vos cultures. Les plantes choisies sont bien sûr l'élément clef d'un parterre surélevé, mais l'incroyable variété des possibilités d'aménagement – avec des matériaux, des formes, des tailles, des hauteurs et des séparations verticales divers et variés – comme le grand choix des couleurs font des parterres surélevés un élément vraiment génial

de la conception ou de l'embellissement de votre jardin, terrasse ou balcon. Grâce à eux, vous pouvez diviser de grands jardins moroses et plats et y ajouter du relief, créer des effets visuels et attirer le regard sur certains éléments ou plantes de votre jardin. Grâce à des parterres surélevés assez bas, vous pouvez aménager des chemins ou entourer l'ensemble de votre jardin. En outre, ils sont l'idéal pour relier visuellement la maison, le jardin, la cuisine et la terrasse.

Sur le balcon

La variante la plus simple du parterre surélevé consiste en des pots ou des jardinières d'une certaine taille, assez hauts pour le balcon. Il y a des modèles spécifiques qui ne sont pas si larges que les parterres surélevés classiques et qui peuvent alors être installés sur un petit balcon étroit. Disposés devant la rambarde ou sur les côtés les plus étroits du balcon, ils confèrent un cadre au balcon et offrent bien plus de place aux cultures que des pots ou des jardinières traditionnelles en raison du grand volume de terre. Par ailleurs, ils peuvent emmagasiner davantage d'eau en été, ce qui vous permet de partir tranquillement le week-end sans avoir à solliciter vos voisins pour l'arrosage.

Attention au poids

Un parterre surélevé de taille réduite peut contenir une grande quantité de terre. En y ajoutant les plantes et l'eau, l'ensemble peut peser rapidement très lourd. La plupart des balcons n'ont pas la même capacité à supporter du poids que les terrasses.

*Un jardin pour la cuisine pile devant...
la cuisine. Sa proximité vous permettra
de cueillir rapidement quelques aromatiques
pour relever vos plats.*

Demandez alors son avis à un spécialiste si vous voulez disposer un parterre surélevé sur votre balcon. Avec quelques astuces, vous pouvez aussi en aménager un sur un balcon normal :

* Il existe des parterres spécifiques, assez étroits et disposant d'un bac n'allant pas jusqu'au sol. Moins de terre signifie moins de poids (voir p. 36).
* Pour les plantes destinées à être cultivées plusieurs années, n'optez pas pour de la terre normale, mais pour un substrat de végétalisation pour toitures. Il contient autant de nutriments et emmagasine aussi bien l'eau, mais pèse un peu moins lourd.

Sur la terrasse

Grâce à des parterres surélevés sur ou contre votre terrasse, vous rapprochez le jardin de votre maison. Ils la transforment en une oasis de calme et vous n'avez pas besoin de les arroser aussi souvent que les plantes en pots ou en jardinière à cause de la grande quantité de terre.

Formes, couleurs et matériaux

Un parterre surélevé aura un effet particulièrement attirant et se fondra dans l'aménagement global de l'espace, pour peu qu'il s'intègre visuellement à la terrasse. Ainsi, il ne doit pas être fait dans le même matériau que le revêtement de la terrasse,

bien qu'un parterre en briques aille très bien avec une terrasse carrelée en terre cuite. Vous obtiendrez également une correspondance formelle en choisissant un bois clair, par exemple, rappelant le ton du revêtement de la terrasse (voir photo de gauche). Évitez de combiner trop de couleurs et de matériaux différents, qui donneront une impression de désordre. Lors de sa mise en place, pensez également à son étanchéité et au drainage (voir p. 23).

Ajouter de la perspective

Petits parterres surélevés ou grandes jardinières ajoutent de la perspective au jardin, situés, par exemple, à la fin d'un chemin. Ils permettent également d'attirer l'œil dans un coin délaissé du jardin. Veillez à ce que vous puissiez également les voir de la maison, depuis le salon ou la salle à manger.

Un mur triste égayé par un parterre surélevé du même matériau.

Dans une petite cour intérieure, des parterres surélevés sur deux étages aux larges rebords vous permettent de jardiner et de vous asseoir.

Parterres surélevés comme bancs

Cours intérieures et atriums sont une gageure pour les designers de jardins. Ils sont entourés sur plusieurs côtés par de hauts murs ou des façades, le soleil n'y fait son apparition que pendant quelques heures à certains moments de la journée. En outre, on peut voir l'intégralité de l'espace depuis la maison : il faut donc éviter qu'il y ait des coins désordonnés. Dans une cour intérieure, la multifonctionnalité des éléments de conception est très prisée. Les plantes doivent être belles toute l'année, parées de jolies fleurs au printemps, d'un feuillage charmant, de belles couleurs d'automne. Et, en hiver, elles doivent posséder une écorce décorative et de belles hampes. Des parterres surélevés comme éléments inertes ont de nombreux avantages en l'espèce. Ils structurent l'espace, offrent un bel emplacement aux plantes,

permettent de s'asseoir et servent même de rangements. Choisissez des matériaux durables et de qualité afin que votre aménagement dure toute l'année.

Des rangements sous le parterre

Des parterres surélevés avec de larges rebords peuvent servir d'assises. Grâce à l'aménagement de cavités, elles peuvent aussi fournir des espaces de rangement, accessibles par le haut, recouvertes de planches qui font office de sièges (photo de gauche), ou par le devant avec de petites portes. Vous pouvez y entreposer des coussins, pour peu qu'ils soient traités contre l'humidité, ou tous les outils nécessaires au jardin. Ainsi, sécateur, balayette, petite pelle, terreau, engrais et gants sont constamment à portée de main.

Le meilleur matériau pour s'asseoir

Les parterres surélevés utilisés comme bancs doivent avoir une surface spécifique. Celle-ci ne doit pas être trop froide, sécher rapidement après l'averse et être facile à éponger. Vous pouvez badigeonner le bois de lasure ou le peindre. Si vos parterres surélevés sont en pierre, choisissez une variété qui ne boit pas trop et qui sèche vite. On peut également imperméabiliser la pierre naturelle ou le béton afin d'éviter l'imprégnation de l'eau.

Un parterre surélevé pour diviser l'espace : le jardin est ainsi séparé de la terrasse.

Les plantes de patio ont aussi besoin d'eau

Si vous aménagez le jardin de votre cour intérieure et que vous installez des parterres surélevés, vous devriez mettre en place un système d'arrosage automatique. Les arroseurs ou tuyaux perforés situés dans vos parterres vous évitent de nombreux allers-retours avec des arrosoirs et vous n'avez plus à vous soucier de l'endroit où remiser un tuyau.

Brise-vue

Un parterre surélevé planté peut également faire office d'occultation, là où les plates-bandes classiques sont trop basses. Un espace de détente peut être aussi beau ou élégant que possible, on ne s'y sent pas bien s'il n'est pas à l'abri des regards, même s'ils ne sont qu'imaginaires. Choisissez des herbes aromatiques hautes, comme la lavande, le romarin, l'hysope, la sauge ou l'origan. Non seulement elles sentent bon, surtout à la tombée du jour, mais elles peuvent également être utilisées directement dans vos préparations culinaires. Les vivaces avec une longue période de floraison sont tout indiquées, comme la monarde (*Monarda*),

De hautes vivaces et des aromatiques font office de brise-vue : elles délimitent votre sphère privée et apportent de l'ombre à votre terrasse.

ou les hautes graminées telles les calamagrostis à fleurs pointues (*Calamagrostis x acutiflora* 'Karl Foerster') ou le petit roseau de Chine (*Miscanthus sinensis* 'Little Zebra') aux feuilles rubannées.

Le drainage contre la stagnation de l'eau

Les parterres surélevés posés à même un sol étanche, comme un plateau en béton ou une cour intérieure pavée doivent être drainés afin que les excédents d'eau d'arrosage en été, de pluie ou de fonte des neiges en hiver puissent être éliminés. Le drainage est composé d'une couche lâche de graviers ou de petits cailloux placée sous la couche de terre. On met une toile de paillage sur cette couche afin d'éviter que les résidus de terre, notamment, ne viennent la combler suite aux nombreux arrosages et à la pluie. Afin que l'eau puisse s'écouler convenablement, il faut percer des petits trous en bas des parois latérales ou sous le parterre. Sur une terrasse en pente, on doit faire en sorte que l'eau s'écoule de la terrasse et ne vienne pas s'accumuler au pied du parterre. Pour les carrés potagers surélevés à même la terre du jardin, des branches ou des racines grossières peuvent former cette couche inférieure de drainage.

Aménager des pièces dans son jardin

Un jardin que l'on peut embrasser du regard de toutes les perspectives est vite ennuyeux. Il n'offre aucune surprise ni n'aiguise la curiosité. Pour aménager un jardin, petit ou grand, vous pouvez recourir à des haies, des clôtures, des murets, du treillage, à de hautes plantations et bien sûr à des parterres surélevés. Ils peuvent constituer des murs séparateurs et introduire aussi des divisions spatiales et visuelles grâce aux plantes qui les composent.

Structurer de petits jardins

Dans de petits jardins ou des jardins étroits de lotissement, les parterres surélevés permettent de structurer l'espace disponible en deux ou trois niveaux. Les lignes droites formant des L ou des U sont les plus propices aux petits jardins, puisqu'elles prennent moins de place que les formes plus libres. Une construction verticale au

Des parterres surélevés de différentes hauteurs, intégrant des sièges et une table. La soirée peut commencer !

moyen de parterres surélevés induit de la tension, les plantes sont comme sur une scène devant la paroi du parterre situé à côté ou derrière. Les plantes aimant la chaleur et les herbes méditerranéennes profitent également de la chaleur emmagasinée dans les parois et diffusée pendant la nuit.

Structurer de grands jardins

Vous pouvez aisément diviser un grand jardin en plusieurs domaines ou espaces de différents thèmes. Chacun de ces espaces peut avoir sa propre conception et ses plantes spécifiques. Il peut s'agir de l'atmosphère chromatique (un espace rouge, un bleu, un jaune ou un blanc) ou d'activités particulières (un jardin méditerranéen sec et ensoleillé avec des graviers et des plantes adaptées, un jardin ombragé plus frais abrité par une pergola sur laquelle courent des plantes grimpantes ou encore un jardin japonais). Vous pouvez créer votre propre univers dans votre jardin. Des délimitations en parterres surélevés ovales, circulaires et arrondies structurent le jardin et, pour peu que tout soit construit dans le même matériau et avec les mêmes couleurs, permettent de conférer unité et cohérence au jardin. Variez

Une nouvelle interprétation du jardin classique en croix à l'aide de carrés potagers.

également la hauteur de vos parterres, ce qui ajoutera du dynamisme et de la variété.

Parterre surélevé dans la pente

Les jardins en pente ou avec des surfaces inclinées semblent difficiles à aménager et posent le même problème à tous leurs propriétaires : comment utiliser mon jardin ? En haut, il y fait sec ; plus bas, c'est frais et humide ; et il n'est pas possible d'y installer un transat, sans même parler de tout un jeu d'assises. Les parterres surélevés sont l'idéal pour maîtriser la pente, accompagner des escaliers ou des talus et constituer des surfaces planes pour des plates-bandes et du mobilier de jardin, mais également pour relier entre elles des surfaces situées à des hauteurs différentes. Si, par exemple, la terrasse de la maison est plus élevée que le jardin, vous pouvez les relier par un parterre surélevé avec de belles plantes plutôt que par un muret.

Pentes raides

Si la pente est très raide ou le sol très meuble, prenez conseil auprès d'un spécialiste. Les parois du parterre surélevé doivent peut-être être renforcées avec une armature en acier ou fixées à la pente afin que le parterre puisse se tenir. Dans le cas de sols lourds et humides, avec une

Astuce pratique ·····················

Même dans le cas de petits jardins en pente, les quantités de terre à déplacer deviennent vite imposantes. Faites-le faire par un paysagiste des environs. Il peut accomplir les travaux nécessaires à l'aide d'un outillage adapté et s'assurer que ces changements n'ont pas d'incidences sur les maisons (risques de glissement ou de mouvement de terrain). En outre, vous pouvez vous assurer que la terrasse est stable et qu'elle ne glisse pas).

mauvaise évacuation des eaux, il est nécessaire de prévoir un drainage sous les fondements du parterre.

De l'eau dans le parterre surélevé

Un parterre surélevé peut également servir d'étang ou de bassin surélevé. Ainsi, vous pouvez intégrer un bassin avec un trop-plein qui fait des clapotis ou d'autres jeux d'eau dans un parterre moderne, allongé, en béton. De tels parterres nécessitent une armature intérieure afin que les parois ne se déforment pas sous la pression de l'eau. L'étanchéité est réalisée au moyen d'une bâche de bassin ou d'un revêtement spécial résistant à l'eau.

Des parterres surélevés en pierres sèches permettent de contrer la pente du jardin.

Un parterre surélevé peut aussi accueillir une vasque.

Partagez votre parterre surélevé à l'aide de fines baguettes : cultivez plantes et légumes différents dans chaque partie.

Tomates et haricots peuvent pousser contre la pergola ou la terrasse, et des parterres plus bas peuvent vous fournir toute l'année en salades, presque sans interruption. S'il y a une arrivée d'eau pour la cuisine, elle peut être reliée à un système d'irrigation pour les parterres. Les chemins et les surfaces entre les parterres et la cuisine doivent être pavés, ou constitués d'un revêtement dur, de lattes de bois ou de dalles. Ainsi pouvez-vous aller faire vos récoltes avec un chariot sans rapporter de terre dans votre cuisine de plein air.

Si vous avez beaucoup de place, vous pouvez aménager la cuisine ou le coin gril et ses assises autour d'un parterre surélevé central avec des légumes et des herbes, au lieu de le placer derrière le plan de travail ou sur les côtés.

Avoir un parterre surélevé à herbes aromatiques rond, intégré dans une table, est très raffiné : on a toujours de quoi relever les menus à disposition.

Jardin-cuisine

Faire à manger dans le vert est *in*. Passer la journée dans le jardin est une mode venue des contrées septentrionales. Quoi de mieux que d'installer dehors, sur la terrasse ou dans une loggia, en plus de l'incontournable barbecue, un réfrigérateur, un évier, des étagères avec des herbes aromatiques et des épices, ainsi que les légumes du marché hebdomadaire ? Qu'importe que vous souhaitiez installer dehors une cuisine entière ou seulement un gril : un ou plusieurs parterres surélevés avec des herbes aromatiques au bord de la terrasse forment un cadre parfait pour votre nouveau coin cuisine au jardin.

Parterres de cuisine

Si vous avez la chance de pouvoir installer une cuisine en extérieur, songez dès le départ à y intégrer des parterres surélevés avec des herbes et des légumes. Vous pouvez aménager un parterre surélevé avec des herbes derrière le plan de travail afin de les avoir en permanence à portée de main.

Parterres à thèmes pour le jardin-cuisine

Essayez d'aménager différents parterres pour vos plats préférés.

* Pour les amateurs de salades, la saison commence au printemps avec de la laitue à couper, suivie de la tendre batavia. L'été, on trouve de la laitue romaine croustillante et, en automne, des endives, du radicchio et de la mâche. À cela s'ajoutent toute l'année de la roquette, de l'oseille et du cresson. Semez ou plantez toutes les 2 à 3 semaines, de manière à pouvoir récolter constamment.

* Les herbes de cuisine, comme le persil, la ciboulette, le cerfeuil, le céleri chinois, la coriandre, l'aneth, la livèche et la ciboule, se sentent bien dans une terre riche en nutriments. Plantez toujours plusieurs plantes dans votre parterre afin qu'il y ait toujours de quoi récolter.

Astuce pratique ....

Au cours des années passées, une mode est venue des États-Unis en Europe : le jardinage en carrés. Des parterres carrés mesurant 1-1,20 m de côté sont divisés en carrés de la même taille à l'aide de fines baguettes ou de ficelle. Dans chacun de ces carrés sont cultivés des légumes et des herbes différents pour un maximum de diversité. Lorsqu'on a récolté dans un des carrés, on sème aussitôt avec une autre variété.

* Pour un mélange d'herbes italien ou de Provence, l'origan, le thym, le romarin, l'estragon, le cerfeuil, la sarriette et le basilic sont incontournables.
* Les amateurs de cocktails cultivent de la menthe pour mojitos, de la mélisse, de la verveine citronnelle, ainsi que du thym citron et du basilic citron.

Herbes aromatiques en palettes

Un parterre surélevé constitué de palettes de transport peut également être planté sur le côté. Ses parois latérales permettent une culture verticale. Vous pouvez planter dans les espaces entre les planches une infinité d'herbes, de salades, de fraises ou de fleurs. Afin que la terre ne tombe pas depuis l'intérieur, il faut tapisser le parterre d'une toile spécifique. La technique est décrite en p. 51. Comme pour une classique spirale aromatique, il faut placer au niveau inférieur toutes les variétés préférant la fraîcheur et l'humidité : menthe, aspérule odorante, céleri chinois, cerfeuil, ciboulette, persil, coriandre et oseille. Au niveau intermédiaire : mélisse, origan, origan marjolaine, sauge, basilic et hysope. Dans la couche supérieure, plus sèche, thym, lavande, romarin, immortelle et sarriette de montagne se sentiront très bien.

Veiller à l'espacement

Si vous voulez planter les parois, les parterres en palettes doivent être séparés de 1 à 2 m afin que les cultures des niveaux inférieurs aient suffisamment de lumière et qu'elles ne soient pas trop à l'ombre des cultures supérieures ou du carré potager voisin. En outre, vous pouvez facilement circuler entre les parterres.

Pensez également qu'en raison de la croissance des plantes sur le côté, vous serez plus éloigné des cultures au-dessus du parterre. Aussi, si vous plantez tous les côtés du parterre, il faut veiller à ce qu'il ne fasse pas plus de 1 m de côté afin que vous puissiez atteindre toutes les récoltes.

Seules peu de variétés s'adaptent au côté nord du parterre. Essayez les fraises des quatre saisons, l'estragon et la menthe poivrée qui ont besoin de moins de lumière. Vous pouvez aussi tenter l'aspérule, le cresson de fontaine, l'oxalis, ainsi que l'alliaire officinale.

Jardinez à la verticale grâce à un parterre en europalettes.

PLANIFIER
ET
construire

· ·

AVEC UN RIEN d'habileté en bricolage et un peu de temps, vous pouvez construire vous-même vos parterres surélevés. Afin que vous n'ayez pas de mauvaises surprises au moment de la conception comme de la construction, nous avons testé et assemblé en personne tous les bacs et parterres surélevés présentés dans ces pages.

Les instructions pas à pas montrent la marche à suivre.

Il y a également toutes les informations utiles : où se procurer les matériaux de construction, quelle est la meilleure période pour monter vos parterres surélevés et ce qui convient le mieux pour les remplir.

À QUOI DOIS-JE PRENDRE GARDE ?

Fait maison, kit tout prêt ou professionnel ?

Pour les légumes et les herbes aromatiques, les parterres surélevés en bois, peu chers et faciles à assembler, conviennent parfaitement. Ceux en pierres demandent plus de temps et d'argent, ils durent également plus longtemps. Leur remplissage dépend de ce que vous comptez y cultiver.

AVOIR LE CHOIX peut être une torture. Au premier coup d'œil dans un catalogue spécialisé, vous voyez un nombre impressionnant de formes, de tailles, de matériaux – il y a des parterres surélevés stables en bois dur, des modèles de luxe, de même que des assemblages moins onéreux en planches assemblées les unes aux autres. Avant de vous décider pour tel ou tel modèle, il vous appartient de réfléchir à son meilleur emplacement. Si vous voulez y cultiver légumes et herbes aromatiques, il faut trouver un endroit très ensoleillé. Une arrivée d'eau ou un tuyau à proximité sont pratiques, parce qu'ils vous éviteront de porter des arrosoirs. Le parterre doit également être facilement accessible, de manière à pouvoir cueillir quelques herbes ou une salade lorsqu'il pleut. Le sol doit être perméable afin que les eaux de pluie et d'arrosage puissent être évacuées. S'il faut que le parterre soit installé sur une surface imperméable, ajoutez un système de drainage.

Matériaux de construction

Le bois est indiqué en raison de sa flexibilité, de sa facile transformation et de son prix intéressant – en fonction des types de bois choisis. Avec du bois, presque toutes les formes et les tailles de parterres surélevés sont réalisables. Vous pouvez opter pour le kit prêt à l'emploi, ou vous lancer dans la conception et la réalisation de votre parterre pour peu que vous soyez un peu bricoleur.

Les parterres en bois sont également plus faciles à monter et démonter lorsqu'on veut effectuer des changements dans son jardin. Lorsqu'on est locataire de son jardin et que l'on doit, tôt ou tard, déménager, ils représentent la meilleure solution. Ceux en briques, en pierres naturelles ou en béton sont plus chers et demandent plus de temps. Déléguez leur construction à un maçon ou à un paysagiste : cela vous évitera des travaux parfois fastidieux. Vous devez en effet construire une base stable, résistant au gel et, à partir de 50 cm de haut, il faut que les murs en béton d'un parterre surélevé soient armés afin que la structure ne se déforme pas. Pareillement, confiez la construction de parterres surélevés métalliques à des ouvriers qualifiés.

Ajouts et extensions

Afin que vous puissiez utiliser votre parterre surélevé de nombreuses manières et que vous puissiez y cultiver plus de plantes encore, il existe toute une série d'ajouts et d'extensions, comme des rames pour les haricots, des tunnels ou des châssis transformant votre parterre en mini-serre. Grâce à eux, vous pouvez commencer plus tôt à cultiver vos légumes et vos herbes.

Dans un grand parterre surélevé comme dans une simple caisse en bois, l'assurance d'une récolte abondante.

OMBRE OU SOLEIL ?
La situation idéale

....

Afin que vos plantes se trouvent bien dans leur parterre et qu'elles y prospèrent, le choix de l'emplacement est essentiel. Il ne s'agit pas uniquement de l'ensoleillement journalier, mais aussi de l'orientation du parterre et du microclimat de votre jardin.

Pour prospérer, les légumes doivent être en plein soleil. Ils sont aussi moins sensibles aux maladies et leurs saveurs sont plus prononcées.

LES PLANTES ONT UNE CROISSANCE OPTIMALE si elles bénéficient des conditions idoines. Cela signifie que vous devez tenir compte de leurs besoins en lumière, en air, en qualité du sol, en eau et en engrais pour faire des récoltes abondantes, avoir de jolies fleurs et leur garantir une belle croissance.

Plantes de soleil

Les légumes et les herbes aromatiques apprécient les emplacements au soleil, voire en plein soleil. Cela signifie que ces cultures sont exposées aux rayons directs du soleil plus de 6 heures par jour. Si l'ensoleillement est inférieur à 5 ou 6 heures, il s'agit alors d'un emplacement à la mi-ombre. Si les légumes et les herbes aromatiques ont trop peu de lumière, leurs tiges deviennent longues et molles, et ils deviennent la proie des maladies et des ravageurs. Sans compter que le goût des herbes et des légumes-fruits est bien moins bon que celui de leurs semblables exposés au plein soleil. Haies, murs, arbres et constructions font de l'ombre et nuisent au rendement. Pensez-y pour choisir la situation de votre parterre surélevé.

Les herbes et légumes suivants ont besoin du plein soleil :

* Toutes les herbes méditerranéennes comme le thym, la lavande, le romarin, l'hysope, l'immortelle, le basilic, la sauge et l'origan.
* Les herbes de cuisine ou à thé comme l'origan marjolaine, la livèche, le fenouil et la coriandre.

* Toutes les variétés de choux, les pois, la carotte, l'oignon et l'ail.
* Les légumes-fruits comme la tomate, le poivron, le piment, l'aubergine, la courgette et la courge.

Sur les façades est ou ouest de votre maison, qui ne sont ensoleillées que le matin ou l'après-midi, vous ne devez pas renoncer à cultiver de délicieux légumes. Les variétés suivantes poussent bien à la mi-ombre pour peu qu'elles aient au moins 5 heures de soleil par jour.

* Les légumes-feuilles comme l'épinard, la batavia, l'oseille, la bette, la betterave ou le radis.
* Les aromatiques comme le persil, la ciboulette et l'aneth.

L'orientation optimale du parterre

Orientez le parterre sur un axe nord-sud. De cette manière, les plantes seront également ensoleillées et ne se feront pas de l'ombre. Même au printemps ou en automne, alors que le soleil n'est pas au plus haut, il y aura assez de lumière.

Dans le cas de parterres surélevés orientés selon un axe est-ouest, le côté orienté au sud est beaucoup plus ensoleillé, les parois ne se réchauffent pas à la même vitesse et le parterre sèche sur certaines parties. Les plantes du côté nord reçoivent moins de lumière et leur croissance est plus hasardeuse.

Plantes d'ombres

Toutes les plantes ne se sentent pas bien en plein soleil. Fougères, hostas, vivaces et graminées apprécient un emplacement ombragé, frais et humide. Ce sont des variétés idéales pour des parterres surélevés dans des jardins intérieurs urbains, ensoleillés peu de temps en raison de la hauteur des bâtiments.

Le microclimat

Hormis la lumière du soleil, la chaleur et le froid exercent une influence sur la croissance des plantes. Si votre jardin est en pente, en fonction de son orientation, il reçoit plus ou moins de rayons de soleil. Les jardins pentus orientés vers le sud ont plus de soleil, sont plus chauds mais également plus secs. À l'inverse, lorsqu'ils sont orientés au nord, ils sont froids et humides. Comme l'air froid coule vers le bas, il s'accumule en bas de la pente. Dans de telles zones froides, seules peu de plantes sont à l'aise. À l'inverse, un mur dissipe au cours de la nuit la chaleur emmagasinée le jour, formant ainsi un microclimat.

Prévenir les maladies et les ravageurs

L'air frais prémunit des invasions de mildiou ou de ravageurs comme les tétranyques. Placez votre parterre surélevé de telle manière qu'il ne se trouve pas dans un coin du jardin où l'air stagne. Les feuilles y resteraient longtemps humides après une ondée ou la rosée nocturne, favorisant l'apparition de maladies fongiques. Un courant d'air, même frais, est suffisant pour un séchage rapide. De nombreux nuisibles s'attaquant aux légumes comme la piéride du chou, dont les chenilles dévorent les feuilles de choux, ou les mouches des légumes qui s'attaquent aux carottes ou aux oignons, n'apprécient pas les courants d'air et pondent leurs œufs sur des emplacements à l'abri du vent.

De petits arbres comme l'érable palmé (à gauche), le bouleau (au centre) et le fusain (à droite) prennent leur aise dans les parterres surélevés d'une cour intérieure à la mi-ombre.

AUTOMNE OU PRINTEMPS ?
Le meilleur moment pour la construction

Vous pouvez construire des parterres surélevés toute l'année, exception faite de la froide période hivernale. Les meilleurs moments restent le printemps ou l'automne, c'est-à-dire le début de la saison de croissance, ou la fin en guise de préparation pour l'année de jardinage à venir.

LORSQU'EN MARS, LES JOURS COMMENCENT À RALLONGER,

nous autres, jardiniers, avons des picotements au bout des doigts. Quoi de mieux que d'ouvrir la saison par la construction d'un parterre surélevé ?

Construction printanière

Dès la fin du mois de février ou le début du mois de mars – sitôt les dernières gelées passées –, la nouvelle saison de jardinage peut débuter. S'il y a encore de la neige ou que le sol est encore gelé, attendez quelques jours, voire quelques semaines. Lorsque les plates-bandes du potager sont vides, que les derniers choux-fleurs et choux verts ont été ramassés, que les poireaux et les panais sont dans votre cuisine, il est temps de préparer le sol pour la nouvelle saison. Si vous avez en tête de construire un parterre surélevé à ce moment-là, épargnez-vous la peine de retourner ou de creuser

la terre, contentez-vous seulement de l'aplanir. Il y a d'autres avantages encore à mettre en place votre parterre surélevé à cette époque :

* Au printemps, vous trouvez du compost en quantité : tailles de haies ou de buissons, reliefs de récoltes et déchets de jardins de l'année écoulée vous permettent de remplir votre parterre.
* Les tailles d'arbres fruitiers de la fin de l'hiver (février-mars) peuvent aller directement dans le parterre surélevé en guise de couche de drainage (voir p. 60) sans qu'il soit besoin de les entreposer à part ou de les mettre au compost.
* Une fois le parterre plein, vous pouvez commencer à semer ou à planter.

Récolter plus tôt grâce à la décomposition

Placez sur la couche inférieure, composée de branches et de branchages, une épaisseur de 20-30 cm de compost grossier, du compost pas tout à fait mûr, avec encore de gros morceaux de plantes. Mettez ensuite une couche de feuilles ou votre première tonte, de nouveau un peu de compost, puis, pour finir, 15-20 cm de terreau ou un mélange de compost mûr et de terre de jardin. La chaleur émise par la décomposition de ces éléments organiques (voir encadré à droite) a l'effet d'un vrai chauffage pour la germination des graines et les plantes fraîchement plantées.

Voile de forçage pour les nuits froides

Comme il peut encore faire vraiment froid jusqu'à la mi-mai, surtout lorsque le ciel est clair et qu'il n'y a pas de nuages pour tempérer l'atmosphère,

Au printemps, la chaleur des matériaux végétaux en décomposition provoque une croissance plus précoce.

recouvrez vos cultures d'un voile de forçage. Pour les plantes les plus sensibles, il convient de le plier en 3 ou 4 épaisseurs, pour les légumes plus gros ou, si les températures ne sont plus si basses, 1 ou 2 épaisseurs suffisent.

L'automne aussi est idéal

Si vous n'avez pas le loisir de construire ou de mettre en place votre parterre surélevé au printemps, l'automne est également une saison parfaite. Vous pouvez vous y mettre une fois les dernières plates-bandes vides. Vous n'avez qu'à aplanir le sol afin que votre édifice soit bien stable.

Du compost à foison

En automne, les déchets végétaux ne manquent pas : tailles de haie, d'arbres ou de buissons, reliefs de récoltes, fleurs d'été fanées, tiges de vivaces sèches qui ne doivent pas rester dehors l'hiver… tout

Lorsque les asters sont en fleurs et que le feuillage prend ses teintes d'automne, il est temps de construire un parterre surélevé.

peut être utilisé pour former la couche inférieure du parterre surélevé. Remplissez de compost comme expliqué aux p. 58-59 Afin que les précieux nutriments ne soient pas emportés après la pluie ou la fonte de la neige, recouvrez le compost du parterre d'une bâche ou d'une toile de paillage.

Décompositions chaude et froide

On lit fréquemment que les plantes d'un parterre surélevé profitent de la chaleur qui émane de la décomposition de la matière organique. Ce n'est que partiellement vrai. Tous les carrés surélevés remplis de compost ne se réchauffent pas. En effet, en fonction de la nature même du compost et de la période de l'année, la décomposition est « chaude » ou « froide ». On parle d'un compostage chaud quand la matière organique se réchauffe à 50-70 °C lors de la décomposition. Cela se produit lorsqu'il y a beaucoup d'humidité dans le compost ou le parterre et que les substances organiques sont décomposées par des bactéries. Ce processus a surtout lieu avec des matières « vertes », comme l'herbe de tonte fraîche, les restes de plantes vertes

ou les feuilles. Le fumier frais se réchauffe également lors de sa décomposition. Si le compost contient plus de matières « brunes », des matières plus grossières comme des branches plus ou moins sèches, des racines, des tailles de haies, des débris de bois ou des feuilles sèches, la substance organique est décomposée par des champignons et toutes sortes de bêtes, et il ne se réchauffe pas. On peut donc influencer le processus de décomposition en fonction de ce que l'on dépose dans le parterre. Lorsque le parterre est mis en place au printemps, mieux vaut privilégier le compost chaud pour donner un coup de fouet à la croissance. En automne, le compost froid suffit, puisque les cultures ne pousseront qu'au printemps.

KIT TOUT PRÊT OU BRICOLAGE ?

Outils et matériel

Pour construire soi-même un parterre surélevé, le bois est le plus indiqué, car il se travaille très facilement. En fonction de vos talents, vous pouvez construire un parterre surélevé à partir de planches, de vieilles caisses ou de palettes. C'est encore plus simple avec un kit tout prêt.

De petits parterres surélevés en kit sont parfaits pour le balcon.

LES KITS TOUT PRÊTS sont la solution idéale pour agrémenter rapidement et simplement son jardin d'un parterre surélevé (voir p. 52-55). Pour de simples modèles en planches qui s'assemblent grâce à un système d'encoches ou de crochets, vous n'avez même pas besoin d'outils. En plus des systèmes d'une certaine taille pour le jardin, on trouve aussi de plus petits modèles en plastique léger pour le balcon (voir p. 20-21). Des bacs un peu plus gros, montés sur des « échasses – que l'on n'accroche donc pas à la balustrade –, constituent une alternative pratique. De cette manière, vous pouvez également récolter fruits et légumes sur un balcon non conçu pour supporter le poids d'un parterre surélevé.

Parterres surélevés pour terrasses

Un parterre situé directement sur la terrasse, ou dans le champ de vision depuis la maison, doit particulièrement bien s'intégrer à l'aménagement général du jardin. On trouve dans les magasins spécialisés des parterres surélevés prêts à assembler en bois de mélèze ou de robinier faux-acacia. Certes, ils sont plus chers que des parterres surélevés en bois plus commun, en palette ou en bois lamellé-collé, mais ils durent de longues années et sont du meilleur effet.

Construire soi-même

Avant de vous lancer dans la construction ou l'installation de votre nouveau parterre, il faut passer en revue les outils et les matériaux. Quoi de plus énervant que de se retrouver tard le samedi dans son jardin et de constater qu'il manque tel ou tel outil, telle pièce ou les vis adaptées, alors que les drogueries sont déjà fermées ? Afin qu'il ne vous manque rien, voici tout ce dont vous avez besoin.

Outillage de base

Pour construire vous-même votre parterre surélevé, vous n'avez pas besoin de beaucoup d'outils ni de matériaux. Sans doute aurez-vous déjà la plupart des choses à domicile.

* On vous recommande fortement les gants de bricolage si vous travaillez avec des planches de bois non rabotées, ou brutes. Ils vous protègent des échardes. Ils sont également incontournables pour procéder à la découpe de grillage ou de treillage métallique.

- Tournevis ou visseuse électrique.
- Vis à bois : les vis Spax sont les plus appropriées en raison de leur filetage autotaraudeur. Elles entrent facilement dans le bois. Faites attention à l'empreinte de la tête lors de l'achat (torx, cruciforme ou droite) : elle doit correspondre au type de tournevis à votre disposition.
- Des angles métalliques sont très bien pour relier deux pièces de bois.
- Vous avez besoin d'une agrafeuse et d'agrafes si vous comptez tapisser l'intérieur de votre parterre surélevé de film, de toile de paillage ou d'une bâche.
- Une pince coupante permet de découper le grillage anti-souris aux dimensions idoines.
- Fil de fer, marteau et scie peuvent également vous servir.
- Pour égaliser la surface du sol ou creuser, il vous faut une bêche, une pelle et un râteau.
- Une trousse de secours comprenant bandages, pansements et lotion désinfectante. Personne n'est à l'abri d'un bobo.

Le bois convient parfaitement à la construction de parterres surélevés et de bordures de toutes les tailles.

Matériau de construction

Planches, pierres ou canisses, qu'importe : le premier endroit où se rendre est un magasin de bricolage ou une jardinerie. Vous y trouvez normalement tout ce qu'il faut pour construire un parterre surélevé.

Matériaux de construction d'un parterre surélevé

MATÉRIAU	PROPRIÉTÉS
Bois	Facile à travailler	de nombreuses formes possibles	le bois tendre (épicéa, sapin, pin) doit avoir un vernis de protection	bon marché
Europalettes	Stable	faciles à assembler	possibilité d'avoir des cultures sur les parois	bon marché
Bac en bois	Mobile sur des roulettes	attention à l'écoulement des eaux	bon marché
Briques	Attrayant	toutes les formes sont possibles	en harmonie avec le jardin	fondations indispensables	peu chères
Pierres naturelles	Très attrayant	nombreuses formes	à choisir en correspondance avec le revêtement de la terrasse et la maison	onéreuses, les pierres locales sont meilleur marché
Béton	Possibilité de formes variées	armature et fondation nécessaires	brut, crépi ou peint	onéreux
Métal	De nombreuses formes possibles	moderne et stylé	à faire réaliser par un artisan	isoler l'intérieur avec du polystyrène	cher

Planches lamellées-collées

Vous trouvez ces planches toutes faites, rabotées, épaisses de 2,5 cm en bois de sapin ou d'épicéa dans plusieurs formats standard : 20, 30, 40 cm pour la largeur et 60, 80, 100, 120 cm pour la longueur. Elles conviennent donc parfaitement pour des parterres surélevés de différentes tailles. En outre, leur assemblage est simple (voir p. 42-45).

Bois et planches de charpente

Vous trouvez dans tous les magasins de bricolage du bois équarri de différentes tailles, longueurs et épaisseurs. Vous pouvez aussi le faire découper sur mesure.

Rondins, poteaux et palissades

Si vous voulez quelque chose de plus rustique, vous pouvez également construire un parterre surélevé avec des rondins de bois d'épicéa. Pour cela, il vous faut un peu d'habileté en bricolage. En effet, les rondins ou les poteaux doivent être assemblés à la manière d'une maison de rondins. Afin que la construction soit stable, il faut tailler des méplats

Une europalette, 2, 3 ou 4 rehausses forment de beaux parterres surélevés.

Astuce pratique ....

Si vous commandez des europalettes neuves sur Internet pour faire un parterre surélevé, n'hésitez pas à demander à vos amis et vos voisins s'ils seraient également intéressés. En effet, le prix du transport est souvent plus élevé que celui d'une quantité minime de palettes. C'est également valable pour les rehausse-palette qui sont livrées à plat et qui ne peuvent être acheminées par la poste ; conditionnées de la sorte, elles mesurent plus de 2 m.

dans les rondins au niveau des angles. L'affaire est plus simple avec des palissades toutes faites que l'on peut acheter. Enfoncées de 25 cm dans le sol à la verticale ou légèrement de biais, elles constituent d'excellentes parois pour les parterres surélevés.

Qu'il s'agisse de rondins ou de palissades, demandez avant l'achat s'ils ont été imprégnés en autoclave. La plupart du temps, vous le remarquez grâce à la coloration verte du bois. Les produits chimiques utilisés lors de ce processus évitent qu'insectes et champignons attaquent le bois. Avec le temps, les résidus vont se mélanger à votre terre. Aussi, de tels bois ne sont utilisables que pour des parterres surélevés destinés à accueillir des plantes ornementales, et non pour les légumes ou les herbes aromatiques. Quant aux traverses de chemin de fer, qu'on trouvait encore facilement autrefois, elles subissent des traitements si nocifs qu'il ne faut en aucun cas les utiliser dans votre jardin : elles doivent être recyclées en déchetterie.

Palettes et caisses de transport

Les parterres surélevés en europalettes (voir p. 46-47), ou prenant comme base une seule europalette surmontée de rehausses-palettes, sont faciles à assembler, bon marché et ont une durée de vie relativement importante (voir p. 50-51). Adressez-vous à un marchand de meubles, à des ateliers ou aux entreprises d'une zone industrielle. Souvent, ils sont heureux de pouvoir se débarrasser de leurs vieilles palettes.

En ville, 4 palettes, de la sangle et de grands sacs peuvent former un parterre surélevé.

Pierres naturelles et briques

Les pierres naturelles, quoique chères, sont très élégantes. Si elles proviennent de votre région, elles s'intègrent d'autant mieux à votre jardin. Si vous êtes un peu adroit, vous empilerez aisément les pierres naturelles pour former un mur sec. L'opération est d'autant plus simple qu'elles sont régulières. Pas la peine de faire des fondations, il suffit que le sol soit nivelé. Les trous et les anfractuosités entre les pierres peuvent accueillir des cultures et servent de gîtes à de nombreux animaux. Si vous optez pour un parterre surélevé en briques en argile ou hollandaises, vous ferez des économies en les achetant de seconde main. Elles présentent souvent quelques défauts ou ont des angles cassés qui seront invisibles en les plaçant vers l'intérieur de votre parterre. Les pierres naturelles taillées, comme celles en béton, peuvent également être utilisées pour construire un parterre surélevé. Il faut simplement que ces matériaux s'intègrent dans l'environnement de votre jardin. Pour des raisons de stabilité, un parterre de ce type, dont les parois sont supérieures à 80 cm, doit avoir une fondation, voire un coffrage en béton armé, afin de supporter la pression exercée par la terre.

Protection contre la pourriture

Afin que le bois du parterre surélevé ne soit pas pourri ni moisi après deux hivers, il doit être protégé contre l'humidité par une protection constructive et/ou un enduit de protection.

Protection constructive

En agrafant une bâche de bassin à l'intérieur de votre parterre surélevé, vous évitez que la terre humide n'entre directement en contact avec le bois. Positionnées sous les poteaux d'angle, des pierres permettent également à l'eau de bien s'évacuer, au bois de sécher plus rapidement et de tenir plus longtemps.

Lasures et enduits de protection

Vous pouvez badigeonner les parois extérieures du parterre surélevé de lasure ou d'un enduit protecteur respectueux de l'environnement pour le préserver de la pourriture et des moisissures. Ces produits peuvent être incolores ou non. Ils sont déclinés en de nombreuses teintes. Bien entendu, n'employez surtout pas de produits chimiques pour votre potager.

Matériaux de construction ou vieilles tuiles dans des gabions pour former un parterre surélevé, qui devient le point de mire du jardin.

BACS À PLANTES MOBILES

Caisses à vin et bacs de légumes

Votre jardin est trop petit, votre balcon, votre terrasse et votre cour intérieure ne sont pas assez grands ? Pas de problème ! Les bacs à plantes mobiles sont la solution parfaite pour tous ceux qui n'ont pas la place d'installer un grand parterre surélevé.

Un bois qui n'est pas en contact direct avec le sol dure plus longtemps.

Mieux que des pots

Les bacs à plantes sont à bien des points de vue plus appropriés pour les cultures que les pots de fleurs classiques. Alignés les uns à côté des autres, ils occupent l'espace de manière bien plus rationnelle que des pots ronds. En outre, la plupart des pots offrent un volume moins important : la terre y sèche plus vite, la croissance des plantes est ralentie. En raison d'un volume de terre plus important, les bacs à plante offrent plus d'humidité, de nutriments et de place pour les racines. Tout cela favorise une croissance harmonieuse.

Arrosage pratique

Un plus gros volume de terre signifie aussi que vous n'avez pas besoin d'arroser si régulièrement vos plantes que si celles-ci étaient en pots. Par ailleurs, la tâche est accomplie plus rapidement, puisque vous n'avez pas besoin d'arroser vos plantes une par une. Vous pouvez simplement passer votre arrosoir ou votre tuyau au-dessus des bacs alignés.

Pour les terrasses et les cours intérieures

Les bacs mobiles présentent un autre avantage : ils peuvent aisément être déplacés selon vos besoins. Les bacs « vides », que vous venez de récolter, ne sont pas particulièrement décoratifs et peuvent être remisés à l'abri des regards avant d'être replantés. C'est valable aussi pour les parterres de laitues à couper, tout juste cueillies, qui, au cours des jours qui suivent la récolte, sont peu attrayants. Quant

SI LA PLACE pour un parterre surélevé normal ne suffit pas, ou si le balcon ne peut en supporter le poids, cela ne signifie pas pour autant qu'il faille renoncer aux nombreux avantages du jardinage en hauteur. Vous pouvez cultiver tomates, poivrons, salades, poids, haricots, fraises et herbes aromatiques dans des bacs à plantes moins encombrants qu'un parterre surélevé traditionnel.

aux jeunes plants que vous venez d'installer au printemps, vous pouvez les mettre rapidement à l'abri du gel.

Matériaux

Pour les bacs à plantes, vous pouvez utiliser les mêmes matériaux que pour les parterres surélevés normaux : bois, métal ou plastique. Ajoutez-y des roulettes (de meubles ou pour pots) et vous pourrez déplacer vos bacs sans difficulté. On peut également utiliser des bacs pour fruits et légumes en bois ou en plastique, aux parois perméables, que l'on recouvre d'un sac ou d'une toile. Les caisses à vin sont une bonne solution aussi, une fois rendues étanches.

Écoulement des eaux

Un bon écoulement des eaux est une chose importante pour tous les bacs à fleurs. Percez dans les bacs à fond étanche des trous de 1 cm tous les 10 cm. Déposez ensuite une fine couche de billes d'argile ou de graviers, puis une toile de paillage, afin que la terre ne s'en aille pas. Ajoutez ensuite de la terre de rempotage traditionnelle pour balcons et jardinières, ou pour tomates, en fonction de vos prochaines cultures. Astuce : remplissez autant que possible vos bacs avec la même terre. En fonction de leur composition, les types de terre sèchent plus ou moins vite. L'arrosage en sera simplifié : vous n'aurez pas à l'adapter selon vos différents bacs.

Une caisse à vin sur roulettes transformée en mini-parterre surélevé

Le bois qui constitue → les caisses à vin a une épaisseur de seulement 8-10 mm. Collez le tasseau à l'intérieur de la caisse afin de ne pas fendre le bois en vissant les roulettes.

1

↑ Sciez un tasseau de bois (1,5-2 cm d'épaisseur) aux dimensions de la largeur intérieure de la caisse.

3 *← Fixez les roulettes à l'aide d'un tournevis aux quatre coins. Deux vis par roulette suffisent.*

PARTERRE SURÉLEVÉ EN BOIS LAMELLÉ-COLLÉ
Bon marché et rapide à monter

LES PLANCHES DE BOIS LAMELLÉ-COLLÉ du commerce sont pensées pour construire des étagères ou faire du bricolage. On les trouve dans plusieurs longueurs et largeurs standard (80, 100, 120 cm de long et 20, 30, 40 cm de large). À partir de ces grandes planches, on peut construire un parterre surélevé en une grosse demi-heure. En fonction de leur taille, vous pouvez adapter celle de votre parterre à votre jardin et varier les formes : il est possible d'allonger le parterre ou de dessiner un « L » avec un angle droit.

Matériel

→ tasseaux (90 × 4 × 4 cm)
→ 4 planches de bois lamellé-collé (120 × 40 × 2,5 cm)
→ 4 planches de bois lamellé-collé (80 × 40 × 2,5 cm)
→ Grillage métallique (140 × 100 cm, dimension des mailles : 12 × 12 mm max.)
→ Bâche pour bassin (environ 4,2 × 0,8 m)
→ 32 vis Spax au minimum (40 mm)
→ Agrafeuse, agrafes, mètre ruban
→ Visseuse-dévisseuse/tournevis
→ Gants

Avant de commencer, étalez tout le matériel devant vous. Ainsi êtes-vous sûr de n'avoir rien oublié.
↓

← *Déposez les tasseaux sur une surface plane et vissez la première planche bord à bord sur le tasseau.*

Après avoir formé le premier côté avec deux →
planches, vissez une planche à angle droit
sur le tasseau. Les vis Spax ont l'avantage d'avoir
un filetage qui s'enfonce de lui-même dans le
bois. Aussi n'avez-vous pas besoin
de faire des trous.

← Une fois la première planche de ce second côté
fixée, fixez la seconde, puis les autres, sauf
la dernière.

Ainsi, il est plus aisé de plier →
à angle droit le grillage destiné
à repousser les souris. La largeur
standard d'un rouleau de grillage
est de 100 cm. Posez la planche
de telle manière sur le grillage
qu'il dépasse d'environ 10 cm et
repliez cette partie à angle droit le
long de la planche. La longueur du
grillage correspond à celle
du parterre, à laquelle on ajoute
5 à 10 cm par côté.

6 ← Après avoir fixé la dernière planche, agrafez le grillage sur le bord inférieur des côtés (tournés vers le haut) à l'intérieur du parterre. Il empêche les souris ou les rats de passer.

Avant d'installer votre parterre surélevé au jardin, → creusez une petite tranchée dans le sol et quatre trous plus profonds pour les pieds. Pas la peine de creuser profondément, 10-15 cm suffisent.

7

8 ← Retournez votre assemblage et posez-le à sa place. Si nécessaire, creusez encore un peu, ou tassez le sol à certains endroits pour que le parterre soit bien droit et qu'il ne risque pas de basculer. Si vous posez les pieds sur des pierres, le bois sera moins humide et durera plus longtemps.

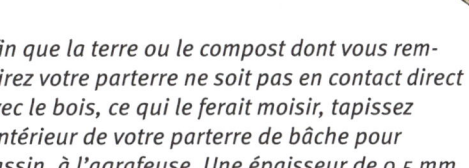

← *Afin que la terre ou le compost dont vous remplirez votre parterre ne soit pas en contact direct avec le bois, ce qui le ferait moisir, tapissez l'intérieur de votre parterre de bâche pour bassin, à l'agrafeuse. Une épaisseur de 0,5 mm suffit, c'est aussi la moins chère.*

*Enfin, repoussez du pied la terre →
contre le bord inférieur de votre parterre et tassez afin qu'il reste stable.*

Envie de couleur ?

Si l'aspect bois ne vous satisfait pas, peignez votre parterre avec une lasure ou une peinture respectueuse de l'environnement, non toxique. Le plus simple est de le faire avant l'assemblage : posez les planches sur deux tréteaux et badigeonnez-les tranquillement. Si vous protégez l'intérieur et l'extérieur de la sorte, vous pouvez renoncer à la bâche pour bassin. Au lieu de bois lamellé-collé, on peut également utiliser du bois de construction imprégné sous pression. Il est traité contre les moisissures et n'a pas besoin d'autre protection. Cependant, comme les produits chimiques utilisés pour le traitement vont se libérer avec le temps, utilisez-le seulement pour la plantation de plantes décoratives.

PARTERRE SURÉLEVÉ EN PALETTES
Facile à construire, stable et durable

QUATRE EUROPALETTES OU PALETTES DE TRANSPORT peuvent être assemblées en une demi-heure et tenir le coup pendant des années. L'avantage : vous pouvez utiliser les espaces entre les lattes pour y planter des fraises et des herbes aromatiques. Vous n'êtes pas contraint de vous limiter à la surface supérieure horizontale et vous pouvez donc tirer parti des surfaces verticales.

Matériel

→ 4 europalettes (120 × 100 × 15 cm)
→ Grillage métallique (150 × 100 cm, dimension des mailles : 12 × 12 mm max.)
→ Mètre ruban
→ Pince coupante, agrafeuse et agrafes
→ 12 angles métalliques
→ 12 vis Spax (40 mm)
→ 12 vis Spax (12 mm)
→ Visseuse-dévisseuse
→ Gants
→ Bâche pour bassin (environ 4,2 × 0,8 m)
→ Toile de paillage (environ 4,2 × 0,8 m)

Déroulez le grillage à l'endroit où vous voulez installer votre parterre surélevé. Mesurez environ 150 cm (une longueur de palette et deux hauteurs), puis coupez-le.
↓

1

2

← *Après avoir posé les deux premières palettes à la verticale, joignez-les à l'aide des angles métalliques. Utilisez les grandes vis pour les morceaux de bois épais, les petites pour les plus fins.*

← *Assemblez toutes les palettes avec les angles métalliques : un en bas, un autre au milieu et le dernier tout en haut. Pour ce faire, placez-vous entre les palettes et commencez par tous les angles inférieurs, puis le milieu et enfin les angles supérieurs.*

Afin de pouvoir planter dans les interstices, tendez la toile de paillage dans l'espace entre les lattes et agrafez-la aux extrémités. Lorsque vous voudrez y installer vos plants, il suffira d'y faire des trous.
↓

↑
Pour finir, agrafez la bâche pour bassin à l'intérieur du parterre surélevé. Vous ne pourrez mettre que de la terre ou du terreau entre la bâche et la toile de paillage. Puis remplissez le parterre d'un mélange de matières organiques grossières ou mûres (voir p. 60-61).

SUPPORTS POUR PLANTES GRIMPANTES
Pour les chevaliers du ciel

Certaines variétés de légumes comme les haricots, les pois ou les courges, mais aussi les concombres, les aubergines, les tomates et les poivrons, apprécient d'avoir un support dans un parterre surélevé afin de ne pas ployer sous le poids de leurs fruits.

Après la récolte, compostez pois et haricots avec leurs tuteurs en bois mort.

DE NOMBREUX LÉGUMES ont de longues tiges qui ploient sous le poids de leurs fruits, comme les tomates, les poivrons ou les aubergines. D'autres, tels les pois, grimpent le long de structures ou de perches à l'aide de leurs vrilles. Courges, concombres et courgettes grimpantes peuvent ramper sur le sol, mais leurs fruits sont moins sensibles aux maladies lorsqu'ils peuvent pousser dans les airs, évitant ainsi tout contact direct des fruits, des tiges et des feuilles avec le sol.

Tuteurage

En fonction des variétés, optez pour différents types de constructions :

* Bambous ou perches en bois suffisent pour les tomates, les aubergines et les poivrons. Pour un parterre surélevé, seules les variétés de taille modeste sont appropriées. Certaines variétés de tomates de tuteurage peuvent grimper jusqu'à 2 m et vous aurez alors besoin d'une échelle pour les soigner et les récolter. Les tuteurs en spirale, à anneaux et les colonnes corsets offrent de bons services et donnent une bonne tenue aux poivrons et aux aubergines.Les grillages en ferraille courbés en forme de tunnels ou les espaliers en bois sont suffisamment stables pour supporter des fruits lourds comme les courges et les concombres, mais aussi les courgettes grimpantes.

* Les tuteurs en bambou, de même que les baguettes en noisetier ou en saule, sont l'idéal pour les haricots nains. Certes, ils se supportent les uns les autres lorsqu'ils sont très serrés dans un parterre, mais ils peuvent casser lors d'une forte pluie ou par grand vent. Avec de la ficelle ou du raphia, vous pouvez relier leurs branches en triangle, en trapèze ou en tipi. Vérifiez que les tuteurs soient bien secs. S'ils sont encore verts, ou pas tout à fait secs, ils pourraient rapidement prendre racine, une fois en terre, et vous obtiendriez alors une forêt de saules plutôt qu'un carré potager.

* Des branches de bois mort placées entre les rangs de pois après la semence forment le meilleur support et le plus simple. Les pois

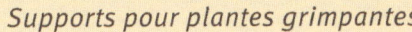
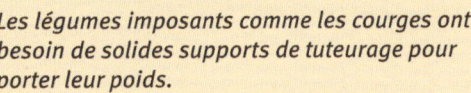

Les légumes imposants comme les courges ont besoin de solides supports de tuteurage pour porter leur poids.

les espaliers en bois au moment du montage du parterre surélevé, avant de le remplir. Pensez à l'ombre produite sur les plants voisins.

Filets à fleurs

Les fleurs d'été peuvent être soutenues par des filets en fer ou en plastique, horizontalement tendus entre quatre piquets. Ce filet doit être fixé directement après la semence à 20-30 cm au-dessus du parterre. Les plantes grandissent ensuite à travers les mailles. À la fin de l'automne, on retire simplement les tiges mortes et on les composte.

peuvent y grimper grâce à leurs vrilles. À savoir : après la récolte, vous pouvez enlever les plants grâce aux tuteurs et tout déposer au compost.

* Les filets à ramer synthétiques, tendus entre deux piquets plantés dans le parterre surélevé, forment un tuteurage pratique, mais il est difficile d'en enlever les tiges de la plante après la récolte. Les branches de bois mort (voir ci-contre) sont plus faciles à retirer et peuvent servir de compost.

Un bon maintien

Les différents procédés de tuteurage doivent être placés de manière à soutenir les plantes sans pour autant gêner les principaux travaux du jardin que sont l'arrosage et la récolte. Piquets, espaliers et baguettes, s'ils sont mal fixés, n'offrent pas de maintien suffisant à la plante et sont inutiles. Les tuteurs à anneaux ou les perches doivent être enfoncés profondément dans la terre. Les tuteurs pour haricots et pois en baguettes de saule ou de noisetier se stabilisent mutuellement si on les relie en leurs sommets. Il est conseillé de fixer

De simples baguettes suffisent pour les pois mange-tout.

PARTERRE SURÉLEVÉ EN REHAUSSES-PALETTES
Chic et bohème pour jardiniers citadins

GRÂCE À DES REHAUSSES-PALETTES pour europalettes, vous pouvez créer un parterre surélevé en un quart d'heure. Ces rehausses-palettes sont composées de quatre planches dont les angles sont reliés par des charnières métalliques. On peut très facilement les empiler. Elles ont une hauteur standard de 20 cm. En fonction de leur nombre, vous déciderez de la hauteur de votre parterre. Au lieu de les poser sur une palette, vous pouvez les mettre directement sur le sol de votre jardin.

← *Déposez la palette à l'endroit où vous voulez votre parterre surélevé. La palette peut également être posée sur une surface plane comme une cour intérieure ou un chemin d'accès. Grâce à la toile de paillage posée sur la palette, la terre ne s'écoulera pas.*

↑
Déposez la première rehausse-palette de manière à ce que les angles s'ajustent. Il n'est pas nécessaire de la fixer avec des vis ou d'ajouter des angles métalliques.

Matériel

→ 1 europalette
→ 2, 3 ou 4 rehausses-palettes
→ Toile de paillage

3 ← *Afin d'empêcher la terre de s'écouler, posez sur la palette de la toile de paillage (2 ou 3 épaisseurs, c'est encore mieux). Il n'est pas obligatoire de la fixer.*

Enfin, ajoutez autant de rehausses- → **4**
palettes pour atteindre la hauteur voulue (20, 40, 60 ou 80 cm). Les différents éléments s'enchâssent les uns dans les autres et vous n'avez pas à les fixer.

Haut mais stable

Les rehausses-palettes sont pourvues d'angles métalliques orientés vers le bas. Elles se clipsent automatiquement à la palette ou aux rehausses-palettes inférieures. Comme la terre, en raison de son poids ou à cause du gel, peut faire se bomber les parois, il est pertinent de les renforcer de l'intérieur. Si vous empilez plus de 3 ou 4 rehausses-palettes, vissez un simple tasseau en diagonale (2 × 4,5 cm) à l'intérieur des 4 côtés du parterre. Ainsi, les parois ne s'altéreront pas au cours des saisons.

PARTERRE SURÉLEVÉ EN KIT
Le choix de la simplicité

. . . .

VOUS TROUVEZ DES PARTERRES SURÉLEVÉS EN KIT de toutes
les tailles, les formes et les couleurs. Et pour toutes les bourses. Les modèles les plus
simples, comme celui présenté ici, peuvent être assemblés presque sans outillage. Le prix
dépend également des matériaux : les bois tendres comme l'épicéa sont bon marché.
Les bois résistant aux moisissures et à l'humidité, comme le sapin de Douglas, le mélèze
et le robinier, sont plus chers, mais la dépense n'est pas inutile, car ils durent plusieurs
années et, avec le temps, ils se lustrent d'une belle patine gris argenté, semblable au teck.

Matériel

→ Kit pour parterre surélevé
→ Toile de paillage
→ Grillage métallique éventuellement
  (dimension des mailles :
  12 × 12 mm max.)
→ Visseuse-dévisseuse ou tournevis

*Enlevez d'abord les mauvaises herbes, préparez votre
sol pour le rendre nu. Enlevez également les pierres
et les résidus de racines.*

1

2

← *Afin de délimiter les contours de votre parterre,
assemblez provisoirement la première strate.*

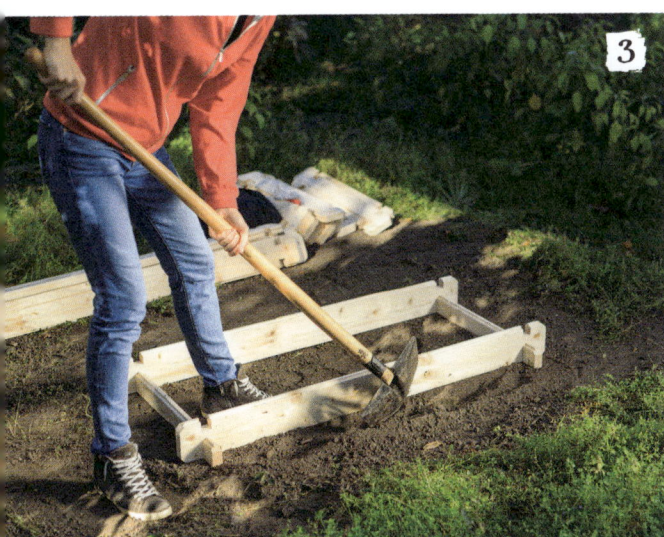

← *Tracez un sillon autour du cadre.* **3**

Creusez un trou de 5-10 cm. → **4**
Vous obtenez ainsi une surface
plane pour votre parterre.

5 ← *Afin d'empêcher plantes et mauvaises herbes*
de pousser dans votre parterre par en dessous,
déposez à même le sol la toile de paillage
découpée aux dimensions voulues. Si vous avez
des rats ou des campagnols dans votre jardin,
mettez du grillage sous la toile.

6 ← *Assemblez, couche par couche, votre parterre.*

Vous n'êtes pas obligé de mettre tous les → 7
*éléments si vous voulez un parterre surélevé
assez bas.*

8 ← *Les derniers éléments n'ont pas
d'encoches supérieures. Placez-
les en dernier. Votre parterre est
quasiment prêt.*

9

← *Afin d'éviter que les dernières lattes ne s'en aillent trop facilement, vous pouvez les fixer aux coins avec une grande vis.*

S'il s'agit de bois d'épicéa, de pin ou de →
sapin, les vis s'enfoncent facilement.
Si vous choisissez du bois de mélèze,
du sapin de Douglas ou du robinier, vous
devrez pratiquer un trou à la perceuse
tant ils sont durs.

10

Il n'y a pas forcément écrit « parterre surélevé »

Faites le tour de votre magasin de bricolage ou de votre jardinerie et recherchez des kits pour compost. Ils ont les dimensions idéales et peuvent être utilisés en parterre surélevé. Comme les planches d'un composteur sont assemblées de telle façon qu'il y a des orifices d'aération, vous pouvez tapisser l'intérieur d'une toile de paillage pour éviter que la terre sorte par les côtés. À l'instar d'un parterre surélevé en palettes, vous pouvez cultiver à la verticale et planter des fraises, des herbes ou de la salade. Faites un trou au couteau dans la toile pour y insérer vos plants.

BORDURES

Petit parterre surélevé ou bac à plantes

Les parterres surélevés de petite taille forment une belle séparation entre les plates-bandes, les chemins et le gazon. En fonction de la couleur et des matériaux, ils constituent un élément supplémentaire de la conception du jardin et font tout à fait fonction de parterre surélevé au format miniature.

Une bordure en pierre reconstituée délimite le gazon et la plate-bande de vivaces.

LES BORDURES DE PARTERRE

peuvent être constituées de différents matériaux. Les variantes les plus simples sont des planches en bois, des rondins ou des perches disposés autour d'une plate-bande. Les canisses en saule forment également une belle séparation entre la plate-bande et son environnement. Les bordures en dalles, en briques ou en briques hollandaises ou même métalliques sont plus stables.

Belles et pratiques

Les bordures de plates-bandes sont à la fois belles et pratiques. Elles permettent à la terre de ne pas sortir de la plate-bande pour souiller les allées, après une forte pluie par exemple. Réciproquement, elles évitent au revêtement des sentiers, comme les graviers ou le mulch d'écorce, de finir dans les plates-bandes. Si la clôture sépare la plate-bande d'une surface herbeuse, elle empêche les herbes de pousser parmi les cultures. En somme, les clôtures confèrent un aspect propre au jardin, ordonné et rangé.

Grâce aux bordures, on peut ajouter dans la plate-bande du terreau supplémentaire, du compost ou un substrat spécial, afin de la transformer en un petit parterre surélevé ou en bac à plantes.

Touches de couleur

Vous pouvez peindre vos clôtures de la couleur de votre choix, en choisissant des produits respectueux de l'environnement et résistant à l'eau. Cela vous permet de protéger le bois tout en créant des liens visuels entre les différents éléments de votre jardin, comme une remise, des escaliers ou une terrasse. Vous pouvez également assortir les couleurs aux plantes que vous souhaitez cultiver.

Simples à construire

Construire des clôtures ne demande pas beaucoup d'effort. Le plus simple est de le faire à partir de planches de bois, de briques ou de dalles. Même les bordures en acier sont faciles à poser.

Les bordures évitent que la terre du parterre se mélange aux graviers, et inversement.

Bois : simple et flexible

Vous pouvez faire des clôtures en bois dans la forme, l'épaisseur et la hauteur de votre choix. Tendez simplement un ruban autour de la plate-bande concernée et creusez une tranchée de 15-20 cm de profondeur. Ajoutez-y des graviers ou des gravillons et enfoncez les planches à la verticale. Vous pouvez renforcer les angles et les jonctions avec de petits pieux carrés ou des tasseaux sur lesquels vous visserez les planches. La couche minérale évite au bois d'être en contact direct avec la terre, ce qui le ferait pourrir.

Dalles et briques

Préparez le sol comme décrit ci-dessus. Dalles et briques doivent être fichées dans un lit de ciment afin de rester stables. Laissez sécher au moins une journée avant de remplir de terre.

Métal

Les bordures en acier Corten sont très élégantes et forment une délimitation nette entre gazon, plates-bandes et allées. Il existe des éléments prêts à l'emploi à imbriquer les uns dans les autres et à fixer dans un lit de mortier, y compris pour les angles et les courbes. Portez toujours des gants lorsque vous travaillez le métal afin de ne pas vous couper.

Gauche : Un cadre en bois vient surmonter cette canisse, renforçant la stabilité du parterre et sa pérennité.

Droite : Pour rompre la monotonie, des bordures colorées amènent de la couleur dans le jardin potager.

REMPLISSAGE ET SUBSTRATS
Compost, terre et substrat spécial

Le remplissage, la matière dans laquelle vos plantes grandiront, remplit différentes fonctions. Il permet aux racines de se développer et emmagasine l'eau et les nutriments transmis aux cultures.

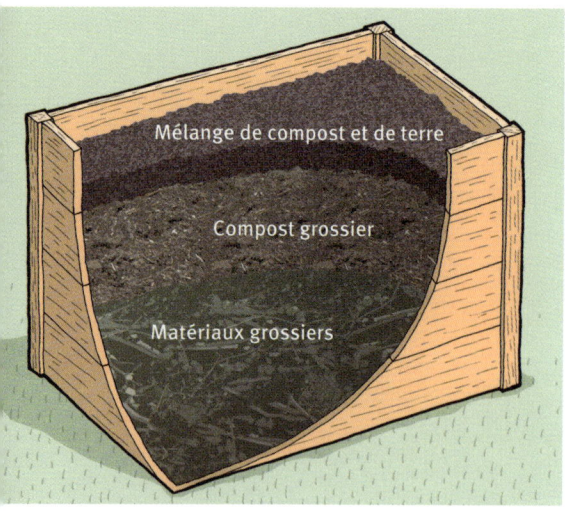

Mélange de compost et de terre

Compost grossier

Matériaux grossiers

La couche inférieure d'un parterre surélevé de compost et de terre est composée de matériaux grossiers en décomposition. Elle est surmontée d'une couche de compost grossier. La couche supérieure est constituée d'un mélange de terre et de compost.

LE SUBSTRAT est le cœur du parterre surélevé. Choisissez le substrat adapté aux plantes que vous voulez cultiver dans votre parterre surélevé. Légumes et herbes de cuisine ont besoin d'une terre riche et poussent particulièrement bien dans un parterre surélevé de compost. De même que les plantes d'ornement. D'autres plantes, comme celles de Méditerranée et les arbustes d'ornement ont besoin d'un sol moins riche. Elles préfèrent la terre de jardinière comprenant une grande partie de substances minérales, comme de l'argile ou des gravillons de lave, ou les substrats spéciaux pour la végétalisation des toits.

Compost classique

Les carrés surélevés potagers ont besoin de nutriments. Aussi faut-il les remplir de déchets organiques plus ou moins gros, de compost et d'un mélange de terre et de compost. Qu'importe que le parterre soit en bois, en pierre ou en métal, les couches restent les mêmes.

* La couche inférieure est composée de 30-50 cm de branches, de racines, de bois mort et de déchets verts. Si la couche est trop lâche, il convient de la tasser. Elle permet à l'eau de pluie et d'arrosage de couler sans s'accumuler. En outre, une vraie vie se développe dans les nombreux petits espaces riches en air et en oxygène.

* La couche intermédiaire est composée de restes de plantes en décomposition, de compost grossier, d'herbe de tonte et de déchets hachés. Elle doit faire 20-30 cm (voir p. 34).

* Enfin, on ajoute une couche de 15-20 cm composée d'un mélange de terre et de compost (à parts égales), dans laquelle poussent les plantes.

Arrosez impérativement le parterre après l'avoir rempli, afin de tasser un peu l'ensemble. Si le parterre est rempli en automne, il se peut que son contenu se tasse d'ici le printemps, notamment en raison du processus de décomposition. Il faudra alors ajouter un mélange de terre et de compost. Un parterre surélevé avec du compost est complètement tassé après 5 à 8 ans, puisque la couche inférieure est complètement décomposée. Il faut alors le remplir de nouveau.

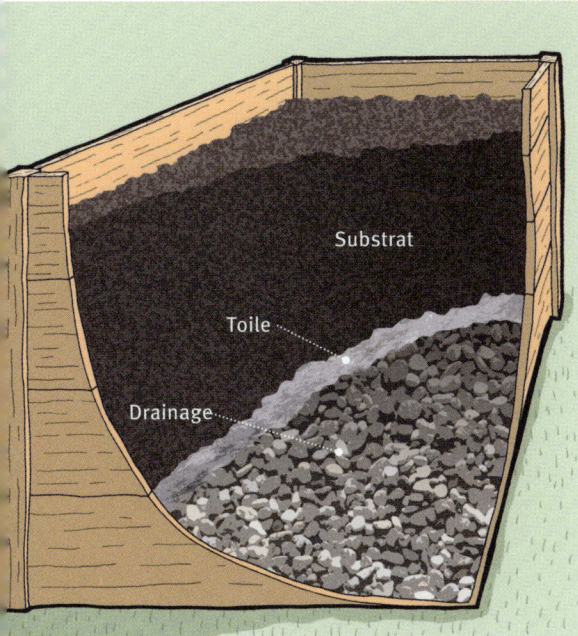

On place un morceau de toile entre le substrat et la couche de drainage d'un parterre surélevé afin d'éviter que cette dernière ne coule.

Substrat

Toile

Drainage

Substrat pour plantes

Tout le monde n'a pas suffisamment de déchets organiques ni de compost pour remplir un parterre surélevé. Si vous vivez en ville, que vous avez un petit jardin ou un balcon, vous ne devez pas pour autant renoncer au parterre surélevé.

* Des graviers ou de petits cailloux peuvent former la couche inférieure de drainage. Elle fait 20 cm.

* Au-dessus, déposez une toile de paillage qui évite à la terre de s'infiltrer dans la couche inférieure et d'en combler les trous.

* Enfin, remplissez le parterre de terre de bonne qualité. De la terre pour plantes en bac ou pour agrumes, qui a un important pourcentage de substances minérales comme de la pierre de lave et de l'argile. Sa structure est plus stable, elle ne s'émiette pas trop rapidement et ne se tasse pas comme la terre pour plantes de balcon.

Remplissage minéral

Les parterres accueillant des plantes durables – vivaces, graminées, buissons et petits arbres

– ont besoin d'un substrat qui reste stable plusieurs années et ne se tasse pas ni ne s'affaisse.

Les substrats pour toit végétalisé sont l'idéal

Des substrats spéciaux ont été développés pour végétaliser les toits. Ils possèdent des qualités idéales pour le remplissage de parterres surélevés destinés à accueillir des cultures pérennes. Ils sont légers, retiennent longtemps l'humidité, emmagasinent les nutriments et ne se dégradent pas. Ils sont composés d'un mélange de pierres de taille de différentes tailles, de pierre ponce, d'argile et de matières organiques, comme des fibres de bois, de la tourbe, de l'humus d'écorce et du compost. Ces substrats peuvent rester de nombreuses années dans un parterre surélevé sans qu'il faille les changer.

Le substrat d'un parterre destiné à recevoir des cultures durables ne doit pas s'affaisser. Celui pour toit végétalisé est parfait.

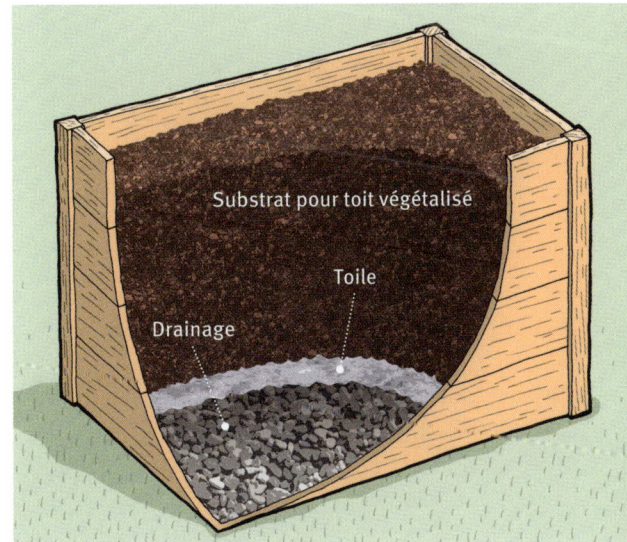

Substrat pour toit végétalisé

Toile

Drainage

COUCHE APRÈS COUCHE
Le remplissage classique d'un parterre surélevé

. . . .

AU PRINTEMPS, il y a suffisamment de déchets végétaux, de coupes d'arbres et de compost mûr de l'année précédente. L'automne offre également des tailles de haies, des résidus de récolte, des vivaces mortes, ainsi que des fleurs d'été. Ces déchets constituent le matériau idéal pour le remplissage d'un parterre surélevé. Les matériaux non décomposés servent de drainage, ceux qui le sont légèrement forment le cœur du remplissage. L'ensemble est recouvert d'un mélange de terre et de compost riche en nutriments.

1

← *La couche inférieure du parterre surélevé est composée de branches et de racines qui ne sont pas encore décomposées, de tailles de haies et de buissons, ainsi que de résidus de récolte encore verts, de fleurs d'été fanées et de tiges de vivaces. Cette couche fait office de drainage afin d'éviter l'accumulation d'eau dans le parterre.*

2

↑
Tassez bien la première couche. Si elle est trop lâche, l'ensemble va s'affaisser et vous devrez ajouter de la terre.

Matériaux

→ Taille de haies, déchets végétaux grossiers

→ Compost grossier (légèrement décomposé)

→ Compost mûr ou terreau

3 ← *Déposez ensuite une couche de 20-30 cm de déchets organiques en décomposition, de compost grossier, d'herbe de tonte et de déchets végétaux hachés. Cette couche se dégrade au fil du temps et permet un apport constant de nutriments.*

La couche supérieure est formée de → **4** *compost mûr mélangé à du terreau ou de la terre. Vous pouvez y planter vos graines ou vos plants. Si vous préparez votre parterre surélevé en automne, vous pouvez le recouvrir d'une toile de paillage sombre afin d'empêcher que les nutriments ne soient rincés par les précipitations hivernales.*

Que faire quand…

…on n'a pas suffisamment de déchets organiques ? Demandez à votre voisin, ou à une association de jardins familiaux qu'ils vous donnent des tailles de haies. De nombreux jardiniers sont ravis qu'on les en débarrasse. Vous pouvez également obtenir du compost, l'or noir du jardinier, dans les installations municipales contre une petite somme ou gratuitement. Très important : il doit s'agir de compost de déchets verts (feuilles, tailles de haies et divers déchets de jardinage) qui forme un humus de valeur, riche en nutriments. En effet, le compost d'autres déchets organiques est beaucoup trop salé et non approprié à la culture de légumes.

PROTECTIONS CONTRE LE VENT ET LES INTEMPÉRIES
Jardiner sous verre, toile et film

En recourant à des moyens simples comme le voile et le film de forçage ou une verrière, vous pouvez prolonger de quelques semaines le début ou la fin de la saison de jardinage.

Des parterres surélevés pour cultures précoces peuvent être très facilement fermés d'un toit.

DEUX PRÉCAUTIONS VALENT MIEUX QU'UNE. Sous un voile de forçage ou une verrière, les plantes poussent mieux et plus rapidement que dans un parterre non protégé. C'est dû au fait que la chaleur du soleil s'accumule sous une protection transparente, que l'air se réchauffe et que l'humidité reste plus longtemps. La chaleur participe au fait que les bactéries et les moisissures sont plus actives dans le sol et qu'elles libèrent davantage de nutriments. Plus de nutriments, plus de chaleur et plus d'humidité signifient une plus belle croissance. Si vous ajoutez ces éléments à votre parterre surélevé, vous pouvez alors commencer dès mi-février à semer de la salade, de la mâche, du pourpier et du cresson, soit 4 à 6 semaines plus tôt que pour des cultures à l'air libre. En automne, la saison de jardinage se prolonge de la même façon jusqu'à novembre, voire décembre. Grâce à l'humidité constante, les plantes n'ont pas besoin d'être autant arrosées. N'oubliez pas d'aérer afin que l'air ne devienne pas trop chaud sous la protection. En outre, un air confiné et stagnant augmente le risque de maladies ou les invasions de ravageurs.

Parterre surélevé pour cultures précoces

Il est très aisé de fabriquer un parterre surélevé pour cultures précoces. Si vous avez une plate-bande avec des bordures, remplissez-la de terreau et de compost, puis fixez un toit. Vous pouvez également assembler quatre planches de bois lamellé-collé ensemble (voir p. 42 et suivantes) et recouvrir le parterre surélevé d'un morceau de Plexiglas®. Une fenêtre au rebut convient aussi. Le Plexiglas® a l'avantage de ne pas craindre la grêle et de laisser passer les UV. Vous pouvez également le fixer sur un cadre en bois que vous assemblerez ensuite au parterre surélevé à l'aide de charnières. Faites des trous dans le Plexiglas® afin qu'il n'éclate pas lors du vissage.

Les tomates ont moins à craindre de la pourriture grise (botrytis) lorsqu'elles sont protégées de la pluie.

Tunnel en voile et film de forçage

Une autre variante consiste à recouvrir ses cultures d'un voile ou d'un film d'hivernage. Fixez-le sur des arceaux métalliques ou en PVC – que vous pouvez acheter dans une jardinerie –, séparés de 40-50 cm.

* Sous le voile, le parterre se réchauffe, l'humidité est plus importante. C'est idéal pour les jeunes plants tendres.
* La toile d'hivernage protège des nuits froides et forme une ombre légère : c'est parfait pour la culture de concombres.
* Les filets anti-insectes limitent l'effet du vent et créent un microclimat autour des plantes. Ils évitent que les mouches de la carotte, du chou ou de l'oignon ne viennent pondre au pied des plantes.

Couvercle à effet de serre

Ajouter un véritable couvercle à effet de serre à votre parterre surélevé est encore mieux. Au printemps, il est posé sur le parterre et vous pouvez combiner les avantages du parterre surélevé (jardiner sans devoir vous baisser) à ceux de la serre (protéger vos cultures). Lorsqu'il fait trop chaud en été, il est très facile de retirer le couvercle à effet de serre.

Serre à tomates

Le mildiou est aux tomates ce que les limaces sont aux salades. Cette maladie est causée par un champignon qui pourrit les tiges, les feuilles et les racines. Les parties infestées de la plante brunissent et meurent, les fruits ont un goût amer. Seule la culture d'essences résistantes (voir p. 100) permet d'éviter la maladie, ainsi qu'une protection des pieds de tomates contre la pluie qui propage les spores des champignons. Il est très facile de couvrir le parterre surélevé au moyen d'un voile supporté par des baguettes. L'infection des racines est plus limitée lorsque le parterre n'est pas rempli de terre, mais de substrat pour plantes ou de compost.

Des arceaux au-dessus d'un parterre surélevé peuvent servir de support à un voile de forçage.

PLANTER
ET
Soigner

Afin que les plantes de vos carrés surélevés aient une croissance vigoureuse et que de belles récoltes soient possibles du printemps jusqu'au premier gel, vous trouverez dans ce chapitre les informations essentielles sur les légumes, les salades, les herbes aromatiques et les fruits : quelles essences sont conseillées, comment les semer au mieux, planter, arroser, fertiliser et ce qu'il faut faire en cas de maladie ou d'invasion de nuisibles. On vous propose également les plans de construction de trois parterres de légumes différents.

JARDINER DANS UN PARTERRE SURÉLEVÉ

Outils et accessoires

Les jardiniers de parterres surélevés n'ont besoin que d'une panoplie d'outils et d'accessoires limitée pour entretenir leurs plantes et travailler le substrat ou la terre. Pour commencer, l'équipement présenté ci-dessous suffit. Vous pouvez l'enrichir avec le temps.

DES OUTILS DE QUALITÉ ONT UN PRIX, mais l'investissement en vaut la peine : vous pourrez les conserver presque toute votre vie. Ne vous faites pas mystifier par des offres bon marché. Vous n'en tirerez aucun profit : les outils seront rapidement cassés, les poignées désolidarisées, les lames émoussées et les parties métalliques tordues ou brisées.

Avant l'achat, assurez-vous que l'outil tienne bien en main. Certains préfèrent les poignées en bois, d'autres en plastique, ou enveloppées dans de la mousse. Les outils de marque sont souvent plus solides et les parties sujettes à l'usure peuvent être remplacées, comme les lames.

Équipement de base

Pour jardiner dans des parterres surélevés, de petits outils manuels suffisent. La plupart du temps, ils se trouvent déjà dans un jardin traditionnel. Pelle à terreau et petite fourche à fleurs servent à tracer des sillons pour semer ou creuser des trous pour les plants.

* Avec un râteau à main à 3 ou 4 dents, vous pouvez décompacter la terre entre les rangs ou les plantes.
* Vous pouvez également aplanir la couche de substrat de manière à pouvoir plus aisément semer et planter.
* Un simple couteau suffit à enlever les feuilles fanées, à couper les ficelles des tuteurs ou à récolter. Pour débuter, un vieux couteau de cuisine suffit. Il y a également des couteaux spéciaux à la lame arrondie. Ces petites faucilles sont très pratiques pour les travaux du jardin.
* Un sécateur est incontournable. Il est important de le tester avant l'achat. Il existe des modèles pour gauchers et plusieurs tailles en fonction de la taille des mains.
* Un arrosoir ou un tuyau sont pareillement indispensables pour tous les travaux d'arrosage.
* Des gants en tissu ou en cuir sont particulièrement adaptés si vous avez une peau sensible. Ils protègent de la saleté et des poils sur les tiges de concombres et de courgettes, qui provoquent des démangeaisons ou des rougeurs. Pour épandre de l'engrais ou de l'hélicide, privilégiez des gants en latex.

Accessoires

En plus de l'équipement de base, les ustensiles de jardin suivant sont utiles : ficelle, fil de fer, toile de paillage, voile de forçage transparent, baguettes en bois et en bambou de différentes longueurs en guise de tuteurs, étiquettes pour inscrire le nom des variétés. Pour rassembler et transporter les déchets végétaux, les récoltes et l'outillage, une corbeille ou un seau suffisent.

Gardez pelle et râteau à main toujours à votre portée !

ARROSER, FERTILISER, ENTRETENIR
Ce dont les plantes ont vraiment besoin

Afin de prospérer, les plantes ont besoin de trois choses : lumière, eau et nutriments. La lumière ne dépend que de l'emplacement et de l'orientation des parterres. L'arrosage et la fertilisation dépendent du jardinier.

Repiquer des plantules vous permet de récolter avec 2 à 4 semaines d'avance.

SANS LES TROIS ÉLÉMENTS lumière, eau et nutriments, les plantes ne peuvent se développer. La lumière leur permet d'effectuer la photosynthèse, de transformer les éléments minéraux, comme le CO_2 de l'air, en éléments organiques comme l'amidon.

ARROSAGE

Sans eau, les plantes sèchent et ne peuvent plus emmagasiner de nutriments. Dans un jardin, les plantes ont en général assez d'eau à cause des précipitations. Dans des plates-bandes ou des parterres surélevés très sollicités, il est nécessaire d'ajouter de l'eau durant les périodes de sécheresse.

Économisez l'eau en suivant les règles suivantes :

* Arrosez de bon matin. Si vous le faites à midi, une partie de l'eau s'évapore à cause des températures élevées. Si vous arrosez le soir, vous attirez les limaces et favorisez l'apparition de maladies fongiques.

* Arrosez toujours abondamment afin que l'eau parvienne profondément dans le sol. Ainsi, les plantes peuvent faire de grandes racines et ne sèchent pas lorsque les couches supérieures sont sèches.

* Si possible, arrosez toujours entre les plantes et non sur les feuilles ou les tiges. Les plantes humides sont davantage sujettes aux maladies.

Utiliser l'eau de pluie

L'eau de pluie récupérée sur la surface d'un toit est une source d'eau idéale et gratuite. Il existe différents contenants pour la récupérer. Plus besoin de supporter la vue d'un tonneau bleu ou vert, vous pouvez également enterrer une citerne si vous avez des besoins élevés en eau.

Arrosage automatique

Si vous avez de nombreux parterres surélevés ou que vous voyagez beaucoup, prévoyez un système d'arrosage automatique (goutte-à-goutte ou tuyaux poreux, plus économes). Ils sont dirigés par une minuterie ou un programmateur d'arrosage. Le système est relié à une prise d'eau ou à un collecteur.

Engrais

Pour se développer, les plantes ont besoin de différents nutriments : azote (N), phosphore (P) et potassium (K) sont les nutriments principaux. Elles ont également besoin de magnésium (Mg), de calcium (CA), et même que de traces de bore (B), de manganèse (Mn), de zinc (Zn) et de fer (Fe). Ces nutriments peuvent être mis à disposition de la plante sous forme d'engrais minéral ou organique.

* Les engrais minéraux sont dans leur forme pure. Ils sont solubles, peuvent être absorbés directement et agissent très rapidement.
* Les engrais organiques proviennent de matières animales ou végétales et ils sont emprisonnés dans le sol par des micro-organismes. Leurs nutriments se diffusent plus lentement et régulièrement dans le sol.
* Les plantes ne peuvent assimiler les nutriments que s'il y a suffisamment d'humidité dans le sol. Aussi est-il important d'arroser après avoir fertilisé.

Soins courants

Afin que vos plantes restent en bonne santé, il faut enlever régulièrement les feuilles et les parties mortes, malades et flétries. Décompactez la terre entre les pieds avec un petit râteau. Cela évite que l'humidité ne monte d'en dessous et ne s'évapore. En outre, vous retirez ainsi les mauvaises herbes.

Récoltes

Le bon moment pour récolter dépend de la variété. De nombreux légumes sont particulièrement tendres lorsqu'on récolte tôt les feuilles ou les fruits, comme les haricots, les pois, les poireaux et la salade. Les légumes-fruits comme les tomates et les poivrons, de même que toutes les baies, sont meilleurs lorsqu'ils mûrissent sur pieds. Faites attention de ne pas laisser trop grossir les pois et les courgettes, sinon la plante arrête de faire des fleurs et de produire de nouveaux légumes. Par ailleurs, plus ils sont petits, plus ils ont du goût et plus leur consistance est tendre.

Pour produire de nouveaux fruits, les haricots doivent être cueillis régulièrement.

LE SEMIS
Les graines de grandes plantes

DANS UN PARTERRE SURÉLEVÉ, vous pouvez semer directement de nombreux légumes et des herbes aromatiques. Le lit de semences, la terre dans laquelle vous déposez les semences, doit s'émietter facilement et être égalisé au râteau. Si vous comptez semer en rangs, tendez un cordeau entre deux piquets en guise de guide. Ne semez pas dans du compost pur, il est trop riche pour bien des graines. Si vous avez un parterre surélevé de compost, tapissez-le d'une couche de terre de 5 cm.

Matériel

→ Graines de légumes ou d'herbes
→ Râteau à main
→ Cordeau et piquets (si nécessaire)
→ Petite pelle
→ Arrosoir ou tuyau avec pomme d'arrosage

Semis simple : on enfonce les grosses graines de courgettes, de concombres ou de courges une à une, la pointe vers le bas, dans la terre, à 3-4 cm de profondeur.

← *Semis en poquet : les graines de haricots nains et de pois sont déposées en petits groupes de 3 à 5 dans des trous. Recouvrez-les d'une couche de terre de 2-3 cm.*

3 ← *Semis en ruban : de nombreuses aromatiques sont proposées en semis en ruban. Les graines sont ensachées dans un ruban avec un espacement parfait. Déroulez le ruban au fond d'un sillon tracé avec les doigts ou une petite pelle, puis recouvrez, en fonction de la variété, d'une couche de 1 à 3 cm de terre. Le ruban se décompose dans le substrat humide et disparaît en quelques jours..*

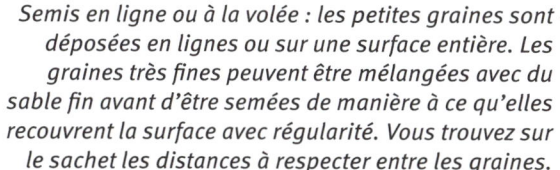

Semis en ligne ou à la volée : les petites graines sont → *déposées en lignes ou sur une surface entière. Les graines très fines peuvent être mélangées avec du sable fin avant d'être semées de manière à ce qu'elles recouvrent la surface avec régularité. Vous trouvez sur le sachet les distances à respecter entre les graines.*

4

5 ← *Enfin, arrosez abondamment. Utilisez un tuyau avec un pistolet à pomme ou un arrosoir avec une pomme. L'arrosage resserre les particules de terre autour des graines, favorisant l'éclosion et la germination.*

POUR LES IMPATIENTS
Des plantules pour prolonger la saison

AU PRINTEMPS, si vous voulez travailler au jardin dès les premiers rayons du soleil, n'attendez pas que les graines germent, mais plantez de jeunes plants dans votre parterre surélevé. Ils ont déjà 4 à 8 semaines de croissance. Plantez au printemps, lorsqu'il fait encore frais, autour de midi. L'été, plantez plutôt le soir, au frais, afin que les jeunes plants ne se flétrissent pas.

← *Aplanissez d'abord la surface de votre parterre à l'aide d'un râteau. Puis tracez un sillon qui vous servira de repère pour placer vos plants.*

↑
En fonction des variétés, on enfonce les jeunes plants à des profondeurs différentes. Repiquez les salades et le chou-rave en laissant dépasser la partie supérieure de la motte. Les feuilles ne doivent jamais être enterrées. Si vous plantez les salades trop profondément, elles pourriront.

Matériel

→ Jeunes plants
→ Râteau et pelle à main
→ Cordeau et piquet (si nécessaire)
→ Arrosoir
→ Éventuellement un peu de voile de forçage

← *Les tomates doivent être profondément plantées. Elles font rapidement de nouvelles racines. Enroulez et recouvrez de terre les tiges qui se sont trop développées.*

Enfin, arrosez abondamment. →
Afin de ne pas exposer les jeunes plants à un choc thermique, l'eau doit être tempérée. Grâce à l'arrosage, les racines et le sol entrent en contact. Si la terre reste sèche, l'humidité s'échappe des mottes et les jeunes plants s'assèchent.

Quand et que planter ?

En recourant à de jeunes plants, vous pouvez prolonger la saison de la récolte de 2 à 4 semaines. Dès mars-avril, vous pouvez planter salades, épinards, bettes et choux. Si les nuits sont trop froides, recouvrez les plants de 1 ou 2 épaisseurs de voile de forçage (voir p. 75). Les légumes sensibles au froid et au gel, comme les tomates, les concombres, les poivrons, les courgettes et les courges, doivent être plantés à partir de mi- ou fin mai, les aubergines et le chou chinois à partir de fin mai – début juin. Les variétés de choux mûrissant tardivement, comme le brocoli, le romanesco et le chou fleur, peuvent être installées en juin-juillet.

RAVAGEURS ET MALADIES
Aide rapide en cas de problèmes

Les plantes ne poussent pas toujours comme on aimerait. D'autant plus lorsque des hôtes indésirables s'attaquent aux pousses faibles. Grâce à quelques astuces, vous pouvez protéger vos cultures contre les maladies et les ravageurs.

Une bande de cuivre empêche les limaces de monter dans le carré potager.

PLUS RICHE est la variété des plantes que vous cultivez dans votre parterre surélevé, plus il y a de maladies et de nuisibles différents. Chaque puceron ou chaque feuille abîmée ne signifie pas la mort de la plante. La plupart des problèmes peuvent être écartés par des mesures préventives et une bonne sélection des cultures. Il est important de savoir de quelles maladies et de quels ravageurs il s'agit (voir p. 134-135). Ce n'est qu'en sachant à quoi ou à qui on a affaire que l'on peut juger si des contre-mesures sont nécessaires ou si elles valent la peine. Par ailleurs, les produits chimiques n'ont pas leur place dans un abri de jardin : il existe des solutions naturelles et respectueuses de l'environnement.

Ravageurs

Les limaces et les mouches de légumes sont les ravageurs les plus fréquents. Des barrières physiques permettent de lutter contre eux.

* Les limaces peuvent dévorer les rangs de salades en un temps record. Une barrière à limaces sur le rebord du parterre surélevé et/ou une bande de cuivre collée les empêchent de venir de l'extérieur. Si des œufs éclosent dans la terre du parterre, il n'y a qu'un seul recours : un traitement prophylactique à base d'hélicide. Les préparations à base de phosphate de fer sont les plus indiquées.

* Les mouches de légumes s'en prennent aux carottes, aux oignons, aux poireaux et aux choux. Dans un parterre surélevé, les plantes y sont moins sensibles. En effet, ces nuisibles volent rarement à plus de 40-50 cm au-dessus du sol. L'ajout d'un voile anti-insectes ou d'un carré en carton au pied du chou permettent de lutter contre les mouches et leurs asticots.

* Les pucerons sont plus agaçants que nocifs. Ils doivent être enlevés avant consommation.

* Les sciarides sont de petites mouches noires. Leurs larves vivent dans une terre humide, riche en humus. Du papier attrape-mouches permet d'en venir à bout. Pour lutter contre les larves, il suffit, souvent, d'assécher un peu la terre.

* Les piérides du chou se délectent de toutes les variétés de choux et de la roquette. Ramassez-les à la main et recouvrez vos plants d'un filet aux mailles serrées afin d'éviter que les papillons ne pondent.

Maladies

Mildiou et pourriture brune sont les plus répandus. Comme toutes les autres maladies, il est relativement aisé de s'en prémunir grâce à des mesures préventives ou par le choix d'espèces plus résistantes et robustes.

* Lorsqu'il s'agit de vrai mildiou, qui apparaît lorsqu'il fait chaud et sec, les plantes sont recouvertes d'une couche blanche. À titre préventif, il faut pulvériser les plantes avec une préparation à base d'extraits de plantes. Le faux mildiou apparaît par temps froid et humide. Une préparation à base de lait (1 volume de lait pour 9 volumes d'eau) pulvérisée sur les parties infestées fonctionne à merveille.

* *Phytophthora infestans*, tel est le nom de l'agent pathogène de la pourriture brune sur les tomates. Il entre dans les plants en passant par les racines et les feuilles. Feuilles, tiges et fruits brunissent et meurent. Mettez un toit de

Recouvrir le parterre surélevé d'une toile de forçage évite aux nutriments d'être rincés par l'hiver.

protection sur vos tomates : cela les protège de spores amenées par la pluie.

* La pourriture grise s'en prend aux fraises lorsqu'elles sont dans une terre trop humide. Mulchez votre parterre avec de la paille.

* Pour lutter contre la moisissure et la pourriture, rien de tel que d'assécher légèrement la terre.

Voile de forçage pour lutter contre le froid et les insectes

Au printemps ou à l'automne, vous pouvez protéger du froid les jeunes plants sensibles ou les légumes-fruits avec du voile de forçage. Vous le trouverez en marron ou en blanc. Ce dernier modèle est plus approprié parce qu'il laisse passer davantage de lumière. Cette toile évite que la chaleur emmagasinée par la plante au cours de la journée ne s'échappe pendant la nuit. Ce phénomène est encore plus prononcé lorsque le ciel est clair, et peut même provoquer le gel du sol alors que la température ambiante est plus élevée. Plus vous mettez de couches de voile, plus son effet est puissant. Autre avantage : le voile de forçage tient à distance les ravageurs comme les mouches de légumes, les pucerons et la piéride du chou.

CALENDRIER DES TRAVAUX
Jardiner au cours de l'année

La saison commence quelques semaines plus tôt dans un parterre surélevé que dans n potager traditionnel. Vous pouvez même faire des récoltes en hiver si vous semez ou plantez à la fin de l'été.

Le chou de Chine, ou bok choy, est d'autant plus tendre qu'il est récolté tôt.

ALORS QUE, DANS UN POTAGER NORMAL, le sol est gelé en février, la saison commence déjà dans un parterre surélevé. Comme le parterre reçoit aussi les rayons du soleil sur ses parois, la terre se réchauffe plus vite. Si vous recouvrez votre parterre surélevé d'un voile de forçage, c'est plus rapide encore. Vous pouvez l'enlever en mars et commencer à semer et à repiquer de jeunes plants.

Le parterre surélevé au printemps

Vous pouvez semer et planter un parterre surélevé entre mars et avril. La saison commence par les semis de radis, d'épinards, de bettes et de laitues à couper. Les herbes, comme le persil, le cresson et le cerfeuil, et les salades, comme la roquette ou le mizuna, sont relativement insensibles au froid et peuvent être semées dès la fin mars. Attention : recouvrez votre parterre d'un voile de forçage après avoir arrosé les semences. Ainsi, elles seront protégées du froid. N'utilisez que du voile et non pas du film, sous lequel se concentrerait de l'humidité, faisant apparaître des moisissures. Dès avril, ail et plants d'oignons peuvent être repiqués, et vous pouvez commencer à semer des oignons nouveaux. Carotte, panais et persil tubéreux sont semés en mars-avril. Semez un nouveau rang de carottes toutes les 2 semaines afin de pouvoir en récolter toute la saison. Pour pouvoir récolter votre première salade en mai, vous pouvez, dès le début du mois d'avril, s'il n'y a plus de neige, repiquer de jeunes plants de salade. Variez les espèces (aux feuilles rouges et vertes, frisées ou non) pour obtenir un bel aspect visuel.

Engrais

Au cours des 3 premières années, vous n'avez pas besoin d'ajouter de l'engrais dans un parterre surélevé de compost. Si, au cours de la quatrième année, vous voulez planter des légumes avec de forts besoins en nutriments (voir p. 81) comme les tomates, vous devez mettre une poignée d'engrais

complet organique par mètre carré. Vous pouvez également remplir le parterre d'un nouveau mélange de terre et de compost. Si le contenu s'est vraiment effondré, vous devez complètement renouveler la terre ou le substrat (voir p. 58-59).

Le parterre surélevé en été

Dès la mi-mai, une fois écarté tout risque de gel nocturne après les saints de glace, il est temps de planter les légumes aimant la chaleur. Plantez alors poivrons, tomates et piments dans votre parterre surélevé. Fichez directement les tuteurs dans la terre. Ils éviteront aux plantes de se casser au cours de leur future croissance. En cas de nuit froide, recouvrez le parterre d'un voile. Fin mai – début juin, vous pouvez repiquer les pieds d'aubergines et de concombres, de courgettes et de courges. Installez les plantes grimpantes ou aux fruits lourds au bord du parterre, ou dans les coins, de manière à ce que feuilles et tiges puissent pendre le long du parterre et ne pas occuper trop de place en surface. Les fraises doivent également être situées contre les bordures.

Vous pouvez également planter du chou-rave, et renouveler l'opération toutes les 2 semaines pour avoir une récolte constante. Dès juin, on peut mettre des brocolis et de la salade d'été, comme la romaine. C'est le moment de récolter les épinards avant qu'ils ne commencent à fleurir. Le fenouil aime aussi la chaleur et doit être planté avant juin. Si vous attendez trop longtemps, il se peut que les plantes ne fassent pas de tubercule et se mettent directement à fleurir.

Dès juin, lorsque les jours deviennent plus longs, un arrosage régulier est recommandé. Attention à ce que la terre ne soit pas trop humide. Une trop forte humidité favorise la formation de moisissure et entraîne les nutriments comme l'azote et le calcium dans les couches les plus profondes, hors de portée des racines.

Le parterre surélevé en automne

À partir d'août, les légumes d'automne font leur apparition dans le parterre : variétés tardives de brocolis, chou vert, chou chinois, radicchio et endive. Les épinards peuvent également être semés ou repiqués, il n'y a plus de risque qu'ils fassent des fleurs. Ayez un voile de forçage à disposition en cas de nuits froides.

Le parterre surélevé en hiver

Vous pouvez continuer de récolter également en hiver. Poireaux, brocolis et panais ne craignent pas particulièrement le froid ni le gel. La roquette, le persil et le céleri-branche peuvent rester dans le parterre jusqu'à la récolte. Couvrez le parterre d'un voile blanc tant qu'il y a encore des légumes. En cas de neige, cela facilite la récolte, puisque vous pouvez tout enlever avec le voile. Couvrez les endroits vides de votre parterre avec un voile sombre ou une couche de mulch afin que les nutriments ne soient pas rincés par les intempéries. Cueillez les derniers légumes en février afin de pouvoir préparer la nouvelle saison.

Arroser, telle est la devise de l'été. Surtout pour les légumes gourmands en eau.

PARTERRE SURÉLEVÉ DE LÉGUMES
L'assurance de belles récoltes

Une planification fine des cultures vous permet de récolter presque toute l'année des légumes frais. C'est un vrai plaisir et vous êtes certain qu'aucun intrant chimique n'a été ajouté.

LE MIEUX est de planter des légumes faciles à cultiver comme les radis, la salade, le basilic, les tomates, les courgettes et les courges. Pois et haricots poussent également quasiment d'eux-mêmes. Même des essences plus sensibles comme le persil, le céleri et les poireaux poussent sans peine dans un parterre surélevé.

Choix des espèces

Ne vous contentez pas de semer ou de repiquer n'importe quelle laitue ou chou, mais faites attention à leur type. Pour les salades, les choux, les céleris et les carottes, il existe diverses variétés cultivables à différents moments de l'année. Grâce à elles, vous pouvez avoir des légumes toute l'année. Les variétés de salades précoces supportent mieux le froid, les variétés estivales ne craignent pas la chaleur, et ne fleurissent pas précocement. Les salades, les épinards, les choux et les bettes ont tendance à fleurir précocement lors de l'alternance entre une période humide et une période sèche, lors d'une grosse chaleur ou si les jeunes plants ont été repiqués trop tardivement.
Très important : n'achetez que des graines de qualité auprès de fournisseurs de qualité (voir p. 138, adresses). Ainsi, vous serez certain qu'il s'agit bien de la bonne variété et que les graines sont capables de germer.

Semis ou plants ?

De nombreux légumes peuvent être directement semés dans le parterre surélevé. Pour certains, comme les tomates, notre court été ne suffit pas à donner à la plante suffisamment de temps pour grandir, fleurir et faire des fruits. On peut contourner ce manque grâce à une simple astuce : on fait pousser les espèces sensibles sur le rebord de la fenêtre, sous serre ou dans un parterre pour plantations précoces. Repiquer des jeunes plants fait gagner 4 à 8 semaines. On ne sème que des essences comme les carottes et les radis rouges, qui ne peuvent pas être cultivées autrement. Toutes les autres sont repiquées afin de pouvoir utiliser de manière optimale la surface cultivable. Encore une astuce : divisez votre parterre avec des cordeaux ou des ficelles en parcelles d'environ 40 × 40 cm. Cela vous évitera de semer trop de graines ou de repiquer les plants de manière trop rapprochée. Une erreur que commettent beaucoup de débutants. Plantez différents légumes dans vos parcelles, vous obtiendrez alors une bonne culture mixte (voir p. 81).

Tous les débuts sont petits

Commencez par un petit parterre surélevé, ne serait-ce qu'en raison de la quantité de matière qu'il faut réunir pour le remplir. Vous serez surpris de constater combien de salades, de tomates, d'herbes aromatiques et autres légumes vous pouvez récolter sur une surface de 2 m². Si, l'année suivante, vous avez suffisamment de matière organique, construisez un parterre surélevé plus grand.

De la diversité sur un petit espace : si l'on mélange des légumes à la croissance différente et que les plants ne sont pas trop serrés, tous peuvent se développer.

ROTATION DES CULTURES ET CULTURES MIXTES
Diversité dans le parterre et en cuisine

Plus vous aurez de légumes différents dans un parterre surélevé, moins vous aurez de problèmes avec les maladies et les nuisibles. Variez alors les espèces, vous aurez ainsi du choix dans votre cuisine.

Salade, chou-rave, oignon et ciboule : plus le mélange est varié, plus les plantes sont saines.

LA PLANIFICATION DES CULTURES

LA PLANIFICATION DES CULTURES semble compliquée au premier abord. On doit prendre garde à leur rotation, ne pas cultiver certaines espèces côte à côte et mettre en place une jachère au bout d'une saison. Dans un parterre surélevé, vous êtes affranchi de facteurs exerçant une influence sur la croissance, comme la nature du sol, puisque vous cultivez dans un substrat ou un mélange de terre et de compost. Il est cependant intéressant de prendre en considération quelques règles élémentaires concernant la rotation des cultures et la mixité. Mais vous ne devez pas en être esclave. Tant que vous ne commettez pas d'erreur de taille, les plantes pousseront presque toujours bien.

Rotation des cultures

La rotation des cultures désigne la rotation annuelle des espèces cultivées. En réalité, des légumes d'une même famille ne doivent être cultivés que tous les 3 à 4 ans sur une même surface. On évite ainsi que des agents pathogènes, comme les champignons ou les nématodes (les vers ronds), ne gagnent en force dans le sol. Les brassicacées notamment, comprenant toutes les espèces de choux, le cresson, la roquette, le chou-rave et le radis, sont sujets à la hernie du chou. Les agents pathogènes de cette maladie survivent des années dans le sol. Si vous plantez du chou au même endroit 4 ans plus tard, le risque d'infection est plus faible. Un autre aspect dont il faut tenir compte lors de la

Praxistipp ·····························

Pour lutter contre le problème de la surabondance des récoltes, lorsque toutes les espèces d'une même famille sont mûres en même temps, il y a une solution simple : la culture par période. Toutes les 2 à 4 semaines, ne plantez que de petites quantités de carottes, de salades, d'oignons, de pois ou de haricots, ainsi que des herbes comme le cerfeuil, l'aneth ou la roquette. Ainsi, vous ne récolterez que de petites quantités que vous pourrez utiliser avant de cueillir vos autres légumes.

rotation des cultures est le besoin en nutriments. Dans un parterre surélevé classique composé d'une couche de compost, il y a beaucoup de nutriments, ce qui est idéal pour les légumes dont les besoins sont élevés. La deuxième année suivent les légumes aux besoins moindres et la troisième, ceux qui n'ont que de faibles besoins. Voici à quoi pourrait ressembler une bonne rotation des cultures :

* Année 1 : légumes aux forts besoins en nutriments, comme les tomates, les céleris-raves, les choux et les courgettes.
* Année 2 : légumes aux besoins modérés en nutriments, comme les bettes, les carottes, les betteraves, les salades et les épinards.
* Année 3 : légumes aux besoins faibles en nutriments comme les pois, les haricots, les herbes aromatiques, les poireaux et les oignons.

Vous pouvez cependant cultiver dès la première année des légumes aux besoins modérés et faibles. Ils risquent d'avoir une croissance un peu plus luxuriante, et il se peut qu'une partie des nutriments reste inutilisée, mais la culture fonctionne quand même.

Culture mixte

La culture mixte est une autre stratégie possible pour obtenir une grande diversité dans son parterre surélevé. Là encore, il faut tenir compte des besoins des plants en nutriments. On plante des espèces aux besoins élevés en nutriments entre celles qui n'ont que des besoins faibles, mais aussi des

légumes avec peu de racines, comme les oignons, à côté de légumes aux longues racines, comme les bettes, afin que tous les nutriments soient utilisés de manière optimale. Un autre avantage d'avoir des cultures serrées est qu'elles laissent peu de place pour les mauvaises herbes. En outre, les maladies comme les ravageurs ne se développent pas aussi rapidement en culture mixte qu'en monoculture. On peut également prendre en compte la manière dont les plantes interagissent entre elles en rejetant dans le sol ou dans l'air des composants favorisant la croissance de leurs voisines, ou l'entravant. Ainsi, les émanations des carottes et des oignons brouillent tant leurs nuisibles principaux (mouches de la carotte et de l'oignon) qu'ils renoncent à pondre. Vous trouverez aux p. 136-137 un aperçu de ces combinaisons.

* Carottes et oignons vivent en bon voisinage. De même que : choux et céleris, choux et soucis ou encore persils et tagètes.
* Pois et haricots sont en mauvais termes, comme haricots et oignons ou poireaux, concombres et tomates, choux et oignons, salade et persils ou salades et céleris.

Chou et souci officinal forment un mariage heureux et se soutiennent mutuellement pendant leur vieillissement.

CARRÉ POTAGER DE SALADES
Des salades croquantes dans vos assiettes

Grâce à ce parterre, vous pouvez vous fournir en salades, légumes-feuilles et herbes aromatiques. De savoureuses tomates ne doivent pas faire défaut, elles font partie de toute salade composée.

Mars-avril

Épinards

Radis

Salades à couper

Salades à couper

Radicchio

PRINTEMPS : *en mars, la saison commence par des salades insensibles au froid, des épinards et de la roquette. Protégez les semences et les plants du froid et du gel par un voile de forçage.*

POUR LES AMATEURS DE SALADES, ce parterre surélevé d'environ 1 × 1,50 m donne des salades fraîches, des légumes-feuilles et des tomates de mars aux premières gelées. Il y en a suffisamment pour 1 à 2 personnes. Semez au printemps des salades à la croissance rapide comme de la laitue et de la roquette, ajoutez des plants de salades à couper que vous pourrez récolter 4 à 6 semaines plus tard. Par ailleurs, pas besoin d'attendre qu'elles aient atteint leur taille maximale : vous pouvez couper les premières feuilles extérieures. Il en va de même pour les épinards : repiquez de jeunes plants pour gagner du temps. Choisissez des variétés qui conviennent pour la culture au printemps, comme la « Red Cardinal », qui ajoute de la couleur à votre saladier grâce à ses feuilles rouges. La variété « Butterflay », quant à elle, grandit très vite. Les radis sont mûrs 4 à 6 semaines après avoir été semés. Faites des mélanges avec des jaunes, des rouges, des blancs, des violets, des ronds et des allongés. L'été suivent les laitues, le basilic, les tomates, les endives et les bettes. Hormis le basilic, le radicchio et la laitue, toutes les autres cultures peuvent rester dans le parterre jusqu'à la fin de la saison. On remplace les laitues en automne par des chicorées.

Mai-juin-juillet

Laitues ou laitues romaines

Basilic

Jeunes plants de tomates

Roquette

2 × radicchio, 2-3 × bettes

ÉTÉ : *comme les épinards fleurissent en été, on les remplace par des laitues ou des laitues romaines. À partir de mi- ou fin mai, les tomates arrivent au milieu du parterre. Elles sont accompagnées de basilic et d'une seconde culture de roquette, prête à être récoltée après 6 semaines. Le dernier rang est composé de bettes et de radicchios.*

Août-septembre-octobre

Laitues romaines + endives

Tomates

2 × radicchios, 2-3 × bettes

AUTOMNE : *à partir d'août, vous remplacerez les laitues par des chicorées, comme les endives. Vous aurez de belles récoltes jusqu'au gel. Les tomates peuvent rester jusqu'en octobre. Vous pouvez récolter les bettes et les radicchios à partir de l'automne.*

CARRÉ POTAGER DE GARDE
Légumes à mettre en bocaux ou à stocker

Les légumes de ce parterre se prêtent tous à être stockés, mis en bocaux ou congelés. Bien entendu, une partie peut aussi être consommée après la récolte. Vous pouvez conserver la première récolte de haricots nains au congélateur et faire sécher les graines de la seconde.

Mars-avril

Plants d'oignons

Haricots nains, première culture

Carottes mi-saison

Carottes précoces

PRINTEMPS : *dans ce parterre, la saison commence par des oignons et des carottes. Les haricots nains sont semés à partir d'avril.*

EN HIVER si vous ne voulez pas renoncer aux légumes de votre jardin, cultivez-en que vous pourrez facilement conserver. Un parterre surélevé de 1 × 1,50 m suffit pour une personne. Mi- à fin mars, plantez 2 rangs d'oignons. Si vous préférez des échalotes, il faut attendre début à mi-avril. À côté, installez 2 rangs de haricots nains. Cette première culture peut être congelée après la récolte. Enfin, il y a 2 rangs de carottes, une variété précoce, la carotte ronde Marché de Paris et une variété moins précoce, Nantaise 2 Milan. Les premières seront épluchées, blanchies et congelées, les autres seront entreposées quelques semaines dans une caisse avec du sable humide, au frais, dans une cave ou un garage. Après la récolte des haricots nains en juin-juillet, vous en sèmerez de nouveau, dont vous conserverez les graines séchées. À la place des carottes précoces, vous planterez des choux d'hiver, comme le chou vert ou de Milan, roi de l'hiver. On tire profit de la place entre les choux en y plantant quelques radis. On ne peut pas les conserver, mais ils sont un en-cas formidable. On récolte et entrepose le chou dès octobre-novembre.

Mai-juin-juillet

Oignons

Haricots nains,
seconde
culture

Carottes
moins
précoces

Choux +
radis

ÉTÉ : *les oignons continuent de pousser, on plante de nouveau des haricots nains après la première récolte. Les carottes précoces sont ramassées, les autres restent en terre jusqu'en juillet. À leur place, on repique de jeunes plants de choux. On remplit les trous du rang avec des radis.*

Août-septembre-octobre

Oignons

Haricots nains
à sécher

Choux

AUTOMNE : *sitôt que les feuilles des oignons deviennent jaunes, on peut les récolter pour les stocker. Les haricots restent en place jusqu'à pleine maturité afin que les graines soient bien grosses. On récolte le chou lorsqu'on en a besoin.*

CARRÉ POTAGER À POTÉES
Légumes à soupes et à potées

Si vous aimez les soupes et les solides potées, alors ce carré surélevé est fait pour vous. Si vous ne pouvez pas utiliser tous les légumes en une seule fois, congelez l'excédent et utilisez-le selon vos besoins.

Mars - Avril - Mai

Pois

Aneth + carottes précoces

Aneth + carottes mi-saison

Ciboule

PRINTEMPS : *la saison commence par des plants de pois. Carotte, aneth et ciboule sont semés directement dans le carré potager.*

LÉGUMES À SOUPES ET À POTÉES poussent dans ce carré potager sur une surface de 1 × 1,50 m. Repiquez en mars de jeunes plants de pois. Puis un rang de carottes précoces, un autre rang de mi-saison. Si vous semez de l'aneth entre les carottes, celles-ci pousseront mieux et vous pourrez utiliser les pointes pour aromatiser vos préparations. Au lieu des carottes de mi-saison, vous pouvez semer du panais ou du persil tubéreux dont les aromes sucrés donnent une note caractéristique aux soupes et potées. Un à deux rangs de ciboule encadrent ce parterre printanier. Après la récolte des pois, on coupe les tiges, les racines restent dans le sol avec les rhizobiacées (voir p. 98). Elles profitent à la croissance des jeunes plants de courgettes ou de courges. Quelques haricots nains conviendront parfaitement aux potées. Une fois récoltées, les carottes précoces sont remplacées par des haricots – si possible de jeunes plants. Des plants de brocolis s'ajoutent à la ciboule. Lorsqu'ils seront grands, il faudra cueillir la ciboule pour leur faire de la place.

Juin-juillet

Courgettes
ou courges +
haricots nains

Carottes
précoces

Carottes
mi-saison

Brocoli +
ciboule

ÉTÉ : *les haricots sont remplacés par des plants de courgettes ou de courges. Des haricots nains remplacent les carottes précoces. La ciboule est remplacée par des brocolis.*

Août-septembre-octobre

Courgettes
ou courges

Haricots nains

Brocolis

AUTOMNE : *courgettes ou courges, comme les brocolis, prennent de la place au cours de l'été. Récoltez les dernières carottes et les haricots nains afin qu'ils ne soient pas oppressés par les autres cultures.*

Salade

Lactuca, Cichorium

Profondeur de semis : 1 cm | Espacement entre
les plants : 30 × 25 cm

Besoin en nutriments : moyen
Substrat : terreau ou compost-terre
Semis : culture précoce en février, normale fin
mars – début avril
Repiquage : dès mi- à fin mars sous voile
de forçage
Durée de culture : à partir des semis entre
12 et 20 semaines, à partir du repiquage entre
6 à 9 semaines
Associations : presque tous les légumes, sauf
le persil et le céleri

On distingue deux groupes de salades : les salades
à couper ou à tondre et les laitues, du genre
des laitues (*Lactuca*) et les endives, les radicchios,
les chicorées à feuilles et les chicorées du genre
des chicorées (*Cichorium*).

* Les laitues pommées forment des feuilles
tendres, aromatisées, leurs têtes sont généreuses.
Elles peuvent être vertes ou rouges. Les variétés
modernes pour la culture biologique sont
tolérantes au mildiou et ont cependant un arôme
fin de noix, sans être amères ni compactes comme
les variétés pour la culture industrielle. Les laitues

romaines sont des salades d'été qui ne fleurissent
pas malgré les jours longs et qui poussent avec une
longue tête de feuilles. Les batavias et les icebergs
ont des feuilles croquantes, des têtes fermes et sont,
comme les romaines, plantées en été pour être
récoltées en automne.

* Les laitues à couper comme les feuilles de
chêne, aux feuilles rouges ou vertes, ou les Lollo
sont des variétés dont les feuilles peuvent être
coupées au fur et à mesure de leur croissance.
On peut également cueillir toute la tête. Elles
sont souvent plus croquantes en bouche que
les laitues.

* Les salades à couper font partie des légumes
frais que vous pouvez récolter en premier
dans votre jardin. Grâce aux variétés résistant
au froid, vous pouvez en cueillir dans votre
parterre jusqu'aux premières gelées. Vous
trouverez des variétés de laitues à cultiver au
printemps, en été, et également dans la seconde
partie de l'année, en automne. Elles sont
adaptées aux différentes longueurs du jour et
aux températures chaudes et froides. Si elles
sont plantées à la mauvaise période, il peut
arriver qu'elles montent. La salade à couper
connaît une croissance rapide et peut être
récoltée quelques semaines seulement après les
semis. Les couper une seconde fois n'a que peu
d'intérêt parce que les seconds semis auront eu
le temps de se développer. Leurs feuilles sont
plus tendres que si vous coupez de nouveau
un plant.

* Endives et radicchios sont des chicorées
destinées à une culture d'automne. Elles
contiennent plus d'amertume, d'où elles tirent
leur goût caractéristique.

Culture et soins : on peut semer les salades à
couper dès mars dans le carré potager. Vous devez
les protéger du gel par un voile de forçage. Il est
préférable de faire pousser les romaines et les
batavias au préalable et de repiquer les plants. Il ne
faut pas les planter trop profondément afin que les
feuilles restent à l'air libre. La raison :

Salades colorées à couper

Chicorée à couper 'Endivette'

Salade romaine 'Little Gem'

une salade repiquée trop profondément ne développe pas de belles têtes. L'espacement entre les plants dépend de la variété et de la période de culture. Les précoces ont de plus petites têtes et peuvent être plus rapprochées que les tardives. Ne plantez les chicorées qu'à partir du mois de juin. Elles croissent lentement et n'ont besoin que de peu de soins. D'une manière générale, les salades ne doivent jamais sécher.

Ravageurs et maladies : pucerons du feuillage et des racines, pourriture en cas de trop forte humidité, taupins, meunier ou mildiou de la laitue, taches sur les feuilles à cause de maladies fongiques.

Récolte et utilisation : récoltez les salades de préférence le matin. Ainsi, les feuilles sont encore fraîches et se conservent plus longtemps. Il est conseillé de les consommer sitôt cueillies. Elles ne se conservent que quelques jours au réfrigérateur. Radicchio et chicorée peuvent être cuits à la vapeur comme des légumes.

Des salades pour toute l'année

TYPE OU VARIÉTÉ DE SALADE	BONNES VARIÉTÉS
Laitues à couper	'Red Salad Bowl', 'Green Salad Bowl', 'Lollo', 'Lattughino', mélange 'Misticanza' de salades et de chicorées, salades en mélange
Laitues pommées	Précoces : 'Reine de Mai', 'Briweri', 'Larissa' ; mi-saison : 'Rolando', 'Skipper', 'Miracle de Stuttgart' ; tardives : 'Géante du Neckar', 'Zulu'
Laitues à couper	'Bijella' (précoce et tardive) ; 'Lollo Rosso', 'Lollo Bionda', 'Red Salad Bowl', 'Till', 'Cerbiattta', 'Pasha' (précoces à tardives)
Laitues romaines	'Brune d'Hiver', 'Little Gem', 'Ovired', 'Valmaine', 'Xanadu'
Batavias et icebergs	'Brune américaine', 'Kamalia', 'Saladin', 'Tarengo'
Endives et radicchios (chicorées)	Endives : 'Diva', scarole verte, endivette, wallone (frisée) ; radicchios : 'Grumolo Verde', 'Palla Rossa', 'Variegata di Castelfranco' ; pains de sucre : 'Uranus', 'Jupiter'

Salade asiatique

Brassica juncea, B. rapa ☼ ◐

Profondeur de semis : 1-2 cm | **Espacement entre les plants :** 15-20 cm

Culture/soins : semis d'avril à septembre toutes les 2 à 3 semaines, directement dans le carré potager. La pousse apparaît au bout de 1 semaine. La récolte est possible après 3 à 7 autres semaines. Ne laissez pas sécher, sinon les feuilles deviennent piquantes. L'engrais n'est pas nécessaire en raison de la croissance rapide.

Ravageurs et maladies : piéride du chou, psylliodes, limaces

Bonnes variétés : 'Green in Snow', 'Misome', 'Mizuna', 'Pak-Choï', 'Red Giant', 'Komatsuna'

Récolte et utilisation : les jeunes feuilles ou toute la plante. Le goût épicé relève les salades. Les salades asiatiques peuvent également être cuites à la vapeur ou frites.

Mâche

Valerianella locusta ☼ ◐

Profondeur de semis : 1-2 cm | **Espacement entre les plants :** 10-15 cm

Culture/soins : nommée également doucette, boursette, raiponce ou oreille-de-lièvre. Semez dès septembre-octobre. S'il fait trop chaud, les graines ne germent pas. Si vous voulez récolter en automne, achetez des jeunes plants dans le commerce et plantez les touffes dans le carré potager. Recouvrez d'un voile de forçage en hiver. Aérez régulièrement sous châssis ou sous serre.

Ravageurs et maladies : mildiou, pucerons radicoles, taupins

Bonnes variétés : 'Élan', 'Verte de Cambrai', 'Vit'

Récolte et utilisation : coupez toute la touffe au couteau au commencement des racines, sinon les feuilles seront séparées. Enlevez les feuilles extérieures jaunies et lavez abondamment avant consommation. Leur arôme de noix s'accommode très bien à l'huile de pépins de courge.

Claytone de Cuba

Montia perfoliata

Profondeur de semis : 1 cm | Espacement entre
les plants : 15-20 cm

Culture/soins : nommée également pourpier
d'hiver, cette salade se cultive comme la mâche.
On la sème en septembre-octobre : les graines ne
germent qu'à une température inférieure à 12 °C.
Les plants résistent à l'hiver. Il est recommandé
de les couvrir d'un voile de forçage pour faciliter
la récolte. Ses besoins en nutriments sont faibles,
l'ajout d'engrais est superflu.

Ravageurs et maladies : aucun

Bonnes variétés : pas de variétés spéciales

Récolte et utilisation : la récolte s'effectue 6 à
8 semaines après les semis. Les feuilles doivent
être coupées avec leur tige, qui ne doit pas dépasser
5 cm. Si l'on coupe trop bas, on ne pourra pas faire
d'autre récolte. Ses feuilles tendres sont idéales
pour la confection de salades composées.

Épinard et bette

Spinacea oleracea, Beta vulgaris

Profondeur de semis : 2-4 cm | Espacement entre
les plants : 10-40 cm

Culture/soins : on sème les épinards entre début
mars et avril en respectant un espacement de 15-
30 cm, puis en août et en septembre. Les plants
d'été fleurissent prématurément. On plante ou
sème les bettes (espacement de 30 × 40 cm) fin
mars. Les deux légumes ont un besoin modéré
en nutriments.

Ravageurs et maladies : erysiphacées, mouches
de la betterave

Bonnes variétés : épinards : 'Red Cardinal' (précoce),
'Butterfly', 'Matador' (précoce et tardif), 'Géant d'Hiver'
(tardif) ; bettes : 'Lukullus', 'Bright Lights'

Récolte et utilisation : coupez feuilles et tiges de
bon matin, elles sont croquantes et contiennent moins
de nitrate. Consommez en salade ou à la vapeur.

Céleri-rave

Céleri

Apium graveolens ☼-◐

Profondeur de semis : 0,5 cm | Espacement entre les plants : 40 × 40 cm

Besoin en nutriments : élevé
Substrat : terreau ou compost-terre
Semis : culture précoce en mars, semis direct en mai
Repiquage : avril à mai
Durée de culture : 5 à 6 mois
Associations : brocolis, tomates, haricots, poireaux

On distingue trois groupes de céleris : le céleri-rave, dont on consomme le gros tubercule blanc, le céleri-branche, qui produit de grandes côtes, et le céleri à couper, dont on utilise les feuilles en guise d'épices.

Culture/soins : en mars, on sème le céleri dans des terrines, on le repique dans de petits pots au bout de 4 semaines et, dès mi- à fin avril, on le plante dans le carré potager. S'il est planté trop tôt, il a tendance à monter, à fleurir précocement. Les trois types de céleris différents ont d'importants besoins en nutriments et exigent un compost riche. Il faut ajouter de l'engrais de qualité pour légumes aux céleris-raves et céleris-branches. Un engrais pour tomates convient également. Soyez prudent avec les engrais de piètre qualité : ils contiennent trop de chlorure, que le céleri ne supporte pas. En revanche, ce dernier est gourmand en eau. Le céleri-rave ne doit pas sécher, au risque de voir sa boule s'atrophier.

Ravageurs et maladies : septoriose, mouche du céleri, rouille du céleri
Bonnes variétés : céleri-rave : 'Monarch', 'Ortho', 'Berger Weisse Kugel' ; céleri-branche : 'Tall Utah' ; céleri à couper : 'Gewöhnlicher Schnitt'
Récolte et utilisation : le céleri-rave peut être récolté dès juin pour confectionner des soupes ou être servi en accompagnement de légumes. Si l'on souhaite conserver les boules, il faut attendre septembre-octobre pour la récolte. Le céleri-branche est mûr de juillet à septembre. Vous pouvez couper régulièrement les côtes périphériques, vous en servir pour épicer vos plats, ou butter toute la plante (remblayer avec de la terre). Vous pouvez également lier les tiges ensemble, sans trop serrer, ou les envelopper dans du papier journal. Les feuilles du cœur doivent pouvoir voir le jour afin de faire leur photosynthèse.

Céleri à couper

Fenouil doux

Fenouil commun

Fenouil

Foeniculum vulgare ☼

Profondeur de semis : 1 cm | **Espacement entre les plants :** 30 × 25 cm

Besoin en nutriments : moyen
Substrat : terreau ou compost-terre
Semis : culture précoce de mars à avril, semis direct de mai à juin
Repiquage : mai à juin
Durée de culture : 3 à 5 mois
Associations : concombres, pois, salades, endives, radicchios, tomates, haricots

Le fenouil vient de Méditerranée et apprécie la chaleur. Pour des plantations précoces, il faut des variétés spéciales, tolérantes au froid.

Culture/soins : dès mars, on sème le fenouil commun dans des terrines sur le rebord de la fenêtre ou sous serre, et on le repique en terre à partir de mi- à fin mai. Le sol doit être riche en nutriments, mais pas trop humide. Il ne faut pas le planter trop profondément pour permettre au bulbe de se développer. Dès qu'il commence à atteindre une certaine taille, on ajoute du fertilisant pour légumes. Si le sol est trop sec, la plante risque de monter en graine.

On plante le fenouil doux à partir de mi-mai. Comme 1 ou 2 pieds suffisent pour un foyer, il est plus simple d'acheter des jeunes plants en pépinière. Le fenouil doux se ressème facilement ; il fait une longue racine, qui donne naissance, l'année suivante, à des tiges, feuilles et boutons nouveaux.

Ravageurs et maladies : mildiou, limaces, nématodes
Bonnes variétés : fenouil commun : 'Fino', 'Perfection' (plantation au printemps, récolte en été), 'Siro' (plantation en juillet, récolte en automne) ; fenouil doux : pas de variétés particulières sur le marché, hormis 'Rubrum', qui se pare de belles couleurs bronze.
Récolte et utilisation : 3 à 4 mois après les semis, 2 à 3 mois après le repiquage, on peut récolter le fenouil. Les bulbes peuvent servir de légume d'accompagnement, une fois cuits à la vapeur, être servis en gratin ou grillés. Ne réchauffez pas trop longtemps au risque de perdre les saveurs. C'est également un délice servi cru en salade, ou trempé dans une sauce. On peut utiliser les feuilles tendres et jeunes du fenouil doux pour remplacer l'aneth. Les graines peuvent être séchées pour épicer les plats sucrés et salés ou pour préparer du thé. Son pollen peut servir d'épice.

Carottes rondes 'Rondo'

'Rodelika', 'Purple Haze', 'Mello Yello', 'Robila' et 'Parmex'

Carotte

Daucus carota

Profondeur de semis : 1-2 cm | Espacement entre
les plants : 25-30 cm

Besoin en nutriments : moyen
Substrat : terreau ou compost-terre
Semis : de mars à juin, plusieurs semis
Durée de culture : 3 à 6 mois
Associations : aneth, pois, poireau, bette, chicorée

On trouve de nombreuses formes de carottes,
petites et rondes, courtes et larges, longues et fines.
En plus des variétés connues, de couleur orange,
il y en a des blanches, des jaunes, des rouges
ou des violettes.

Culture/soins : le choix des variétés détermine
le moment de la plantation. Il y a des carottes
précoces, d'été et tardives. Les carottes ont une
levée très lente. Aussi est-il indiqué de semer des
radis, à plusieurs centimètres d'intervalle, entre
leurs rangs. Ils grandissent vite et marquent ainsi
les rangs. De cette manière, on ne risque pas de
retourner les graines par mégarde au cours des
premières semaines. Il est possible également de
mélanger des graines d'aneth à celles de carottes.

Afin d'éviter une invasion de mouches de la
carotte, dont les larves créent des tunnels dans
les racines, on recouvre les cultures d'un filet
anti-insectes à partir de la mi-mai. Si les plantules
sont trop rapprochées, il faut procéder à un
éclaircissage en ôtant les plus tardifs à l'apparition
de 2 folioles. Comme les mouches de la carotte sont
généralement actives l'après-midi, cette opération,
comme la récolte, doit avoir lieu le matin, puisqu'il
faut retirer le filet. On peut récolter les variétés
précoces 2,5-3 mois après le semis, les variétés d'été
et tardives 5-7 mois plus tard pour les conserver.
Les carottes ne doivent pas sécher lors de leur
croissance, sinon elles risquent d'éclater après
la pluie ou l'arrosage.

Ravageurs et maladies : mouche de la carotte,
oïdium de la carotte
Bonnes variétés : précoces : 'Amsterdam',
'Marché de Paris' ; mi-saison : 'Nantaise 2 Milan' ;
tardives : 'Purple Haze', 'Milan'. Les 'Flyaway'
et 'Ingot' résistent aux mouches de la carotte.
Récolte et utilisation : récoltez peu avant
qu'elles soient complètement mûres pour une
consommation immédiate, laissez les autres en terre
jusqu'à ce que l'extrémité des feuilles se colore. On
peut conserver les carottes 2 semaines environ au
réfrigérateur ; il faut absolument enlever les fanes.

Panais

Pastinaca sativa

Profondeur de semis : 2-3 cm | **Espacement entre les plants :** 40 cm

Culture/soins : les panais sont semés de début mars à avril, comme les carottes. Il faut également procéder à un éclaircissage – un plant tous les 10 cm. Il convient de ne pas les laisser sécher pour que se développent de belles racines régulières. Leur culture ne se distingue pas fondamentalement de celle des carottes. On vous conseille également la mise en place d'un filet anti-insectes.

Ravageurs et maladies : mouches de la carotte

Bonnes variétés : 'Aromata', 'White King', 'White Gem', demi-long blanc

Récolte et utilisation : dès juin, vous pouvez procéder à la récolte des premières racines encore tendres. Plus on les laisse en terre, plus elles sont grosses. Les panais supportent le gel et peuvent rester en pleine terre jusqu'à l'hiver. Un voile de forçage facilite leur récolte en cas de neige.

Persil tubéreux

Petroselinum crispum subsp. *tuberosum*

Profondeur de semis : 2-3 cm | **Espacement entre les plants :** 30 cm

Culture/soins : comme les carottes, semez dès mars-avril, puis procédez à un éclaircissage tous les 5 cm. Les racines sont plus petites et plus fines que celles des panais. Un voile anti-insectes protège les plants des mouches de la carotte.

Ravageurs et maladies : mouches de la carotte, oïdium

Bonnes variétés : demi-long, 'Lange Oberlaaer'

Récolte et utilisation : récoltez entre juillet et décembre à l'aide d'une fourche à fleur. C'est l'idéal pour relever les soupes et les sauces. Ne jetez pas la partie supérieure et sa couronne de feuilles : dans une cuvette pleine d'eau sur le rebord de la fenêtre, vous aurez en quelques jours des feuilles de persil vertes et tendres, que vous pourrez également utiliser en guise d'épice.

Radis rouge

Raphanus sativus var. *sativus*

Profondeur de semis : 1,5-2 cm | Espacement entre les plants : 10-20 cm

Culture/soins : semez toutes les 2 à 3 semaines de mars à mi-septembre. Arrachez les plantules trop rapprochées pour obtenir un espacement de 5-6 cm. Ne laissez pas sécher de manière à ce qu'ils ne deviennent pas filandreux. Cela peut aller très vite en été. En raison de leur rapide croissance, les radis ont besoin d'un sol riche.

Ravageurs et maladies : mouches du chou

Bonnes variétés : pour le printemps et l'automne : 'Eiszapfen', 'Marike', 'Mélange coloré' ; en été : 'Cherry Belle', 'Parat', 'Rudi', 'Sora'

Récolte et utilisation : lorsque les radis sont mûrs, ils doivent être rapidement récoltés et consommés. On peut utiliser les feuilles tendres du milieu comme la salade asiatique (voir p. 90).

Radis noir

Raphanus sativus var. *niger*

Profondeur de semis : 1,5-2 cm | Espacement entre les plants : 25 cm

Culture/soins : semez de mars à juin, car le sol est riche en nutriments. En cas de variations fréquentes du taux d'humidité de la terre, les radis noirs deviennent filandreux, creux et piquants. Comme ils ne supportent pas le compost mi-décomposé, il faut les planter dans un carré potager de compost à partir de la deuxième année. Pensez-y au moment de choisir la variété à planter.

Ravageurs et maladies : mouches du chou, pourriture noire

Bonnes variétés : culture précoce : 'Ostergruß' ; radis noir d'été : 'Minowase Summer Cross' ; radis noir d'hiver : 'Gros Rond d'Hiver'

Récolte et utilisation : récoltez les radis précoces et d'été à maturité. S'ils restent trop longtemps dans le parterre, ils deviennent durs et piquants. Les variétés d'hiver peuvent rester jusqu'aux premiers gels et être cueillies en cas de besoin.

Chou-rave

Brassica oleracea convar. *caulorapa* var. *gongyloides*
☼-☽

Profondeur de semis : 1 cm | Espacement entre
les plants : 25 × 25 cm

Culture/soins : semez dès le mois de février dans
des godets sur le rebord de la fenêtre ou repiquez
de jeunes plants en mars. La racine doit être
tout juste recouverte de terre. Ne les laissez pas
sécher, sinon le chou-rave deviendra filandreux.
L'alternance d'un sol sec et d'un sol humide fait
éclater les boules. Après la plantation, ajoutez
de l'engrais liquide ou agissant rapidement.
Ravageurs et maladies : limaces, altises
Bonnes variétés : choux-raves blancs : 'Lanro',
'Noriko' ; choux-raves violets : 'Azur Star', 'Blaro',
'Blauer Speck'
Récolte et utilisation : les boules sont plus
tendres lorsqu'elles n'ont pas encore atteint leur
pleine taille. Les petites feuilles peuvent aussi être
consommées.

Betterave

Beta vulgaris var. *vulgaris* ☼-☽

Profondeur de semis : 2-3 cm | Espacement entre
les plants : 25-35 cm

Culture/soins : semez de fin avril à fin juillet.
Trois à quatre pousses apparaissent de chaque
graine. Elles peuvent rester ensemble. Recouvrez
de voile jusqu'à mi-mai, parce que les plantules
sont sensibles au froid. Ne laissez pas sécher,
sinon les racines deviennent fibreuses et dures.
Ravageurs et maladies : oïdium, mildiou
Bonnes variétés : 'Robuschka' (rouge, ronde),
'Tondo di Chioggia' (ronde, bicolore rouge et
blanche), 'Forono' (cylindrique), 'Burpees Golden'
(jaune or, ronde)
Récolte et utilisation : 1 à 4 mois après les semis,
il est temps de récolter. On peut les consommer
crues en salade, en jus, cuites ou à la vapeur.

Pois gourmands

Pois ridés

Pois

Pisum sativum ☀

Profondeur de semis : 3-5 cm | Espacement entre les plants : 30-40 cm

Besoin en nutriments : faible
Substrat : terreau ou compost-terre
Semis : culture précoce dès mars, semis en pleine terre d'avril en juin, en plusieurs vagues
Repiquage : à partir d'avril
Durée de culture : 3 à 4 mois
Associations : chou-rave, salade, radis noir, radis rouge, fenouil, carotte, panais, persil tubéreux

Vous avez le choix entre des pois gourmands tendres, dont on peut manger les cosses, et les pois ridés ou ronds, que l'on peut conserver.

Culture/soins : vous pouvez semer les pois dans des godets sur le rebord des fenêtres à partir de mars ou les semer directement dans le parterre d'avril à juin, à plusieurs reprises. Dès juillet, la culture des pois s'arrête car, en raison de la longueur du jour, les plantes ne fleurissent plus si généreusement. Déposez 3 à 5 pois, tous les 15 cm, dans un trou, ou semez une seule graine tous les 5 cm. Enfoncez des branches de bois mort ou des tuteurs (voir p. 48) afin que les plants puissent grimper. Comme les haricots, les pois, grâce aux rhizobiacées de leurs racines, peuvent fixer l'azote facilement et n'ont pas besoin d'une grande quantité de fertilisant. Des ajouts d'azote pourraient nuire à la croissance et favoriser davantage la pousse des feuilles que des fleurs et des fruits. Comme les racines restent en terre après la récolte, les pois sont une excellente culture préliminaire à celle de légumes plus tardifs, comme les brocolis et les salades d'automne.

Ravageurs et maladies : pucerons, tordeuse du pois, mildiou
Bonnes variétés : pois mange-tout : 'Ambrosia', 'Norli', 'Weggiser' ; pois ridés : 'Primaso', 'Blauwschokker' ; pois ronds : 'Proval', 'Kleine Rheinländerin'
Récolte et utilisation : les pois mange-tout sont au maximum de leur tendreté lorsqu'ils atteignent 5-8 cm. Effectuez la récolte régulièrement de manière à ce qu'ils continuent de produire. Les pois ridés ont un goût sucré et aromatisé si vous les récoltez sitôt que les graines apparaissent clairement sous les cosses encore vertes et craquantes. Les pois ronds sont écossés après la récolte et mis à sécher pour être conservés. Ils ne doivent pas être trop durs avant la récolte, sinon ils ont un goût farineux et insipide.

Haricot nain

Phaseolus vulgaris ☼-◖

Profondeur de semis : 2-3 cm | Espacement entre
les plants : 40 cm

Besoin en nutriments : faible
Substrat : terreau ou compost-terre
Semis : culture précoce dès avril, semis en pleine
terre de mai à juillet
Repiquage : à partir de mai
Durée de culture : 3 à 4 mois
Associations : salade, fraise, chou, bette, radis
rouge, betterave, tomate

Contrairement aux haricots à rame et d'Espagne,
les haricots nains ont une plus petite taille et sont
l'idéal pour les carrés potagers. Ils n'ont pas besoin
d'autant de chaleur que leurs cousins.

Culture/soins : dès avril, semez les graines par
3 ou 5 dans de petits pots sur le rebord de la
fenêtre, de manière à pouvoir repiquer les plants
dans le carré potager à la mi-mai en respectant un
espacement de 20-30 cm. Un semis directement
dans le parterre est également possible de mi-mai
à juillet. Entre les rangs, enfoncez des supports de
tuteurage. Ajouter du compost au pied des plants
permet de les stabiliser. Comme pour les pois,

Haricots nains 'Blauhilde'

laissez les racines en terre, elles profiteront
aux cultures suivantes.
Ravageurs et maladies : puceron, mouche
du haricot, rouille du haricot
Bonnes variétés : 'Fructidor' (haricots jaune
d'or), 'Flambo' (gousses marbrées de blanc et de
pourpre), 'Valentino' (vert), 'Blauhilde' (gousses
violacées)
Récolte et utilisation : les haricots nains doivent
être cueillis en permanence afin qu'ils puissent
continuellement produire de nouvelles fleurs et
de nouveau haricots. Si on laisse les gousses trop
longtemps, elles deviennent dures et la récolte est
moins riche. Les haricots contiennent un glycoside
poison. Aussi faut-il toujours les faire cuire avant
consommation. Les variétés bleutées deviennent
vert sombre pendant la cuisson. Les haricots
peuvent être consommés en soupe, purée, salade
ou comme légume d'accompagnement. On peut
aussi en faire sécher les grains. Enfin, il est possible
de blanchir et de congeler l'excédent de récolte.

La bordure sert également de support.

Tomate

Solanum lycopersicum ☼
(Synonyme *Lycopersicon esculentum)*

Profondeur de semis : 0,5-1 cm | Espacement entre
les plants : 60 × 60 cm

Besoin en nutriments : élevé
Substrat : terreau ou compost-terre
Semis : culture précoce dès fin février
Repiquage : mi-mai à mi-juin
Durée de culture : 6 à 9 mois
Associations : basilic, persil, céleri-branche, - rave
et à couper, souci, tagète

Il y a tant de variétés différentes de tomates qu'il
serait impossible de toutes le nommer. On en
connaît des milliers, blanches, vertes, jaunes,
orange, rouges, presque noires, à pois ou à rayures,
dont la taille varie entre le grain de raisin et la tête
d'un enfant. Il en va de même pour leurs formes :
rondes, ovales, sphériques, allongées, pointues, en
forme de poire, à côtes ou boursouflées. Lors de
leur croissance, on distingue les tomates nécessitant
un tuteurage, avec une longue tige, et les tomates

naines, qui se ramifient et poussent comme
des arbustes. Cette seconde variété est plus
appropriée au carré potager haut de 70-90 cm,
puisqu'on peut ainsi l'atteindre sans échelle.
Le nombre des saveurs est identique à celui des
variétés. Lors de votre choix, vérifiez aussi leur
résistance à la pourriture brune et au mildiou.
De nouvelles variétés y résistent ou y succombent
moins facilement.

Culture/soins : les tomates ne supportent pas
le froid et doivent être semées dès février-mars
dans des pots sur les rebords de fenêtre. Comme
ces plantes ont besoin de beaucoup de lumière, il
est souvent mieux d'acheter de jeunes plants dans
les jardineries. À l'intérieur, les tiges deviennent
souvent longues et molles, les plants tombent. Dès
mi- à fin mai, lorsque tout risque de gel est écarté,
vous pouvez les planter dans le carré potager. Faites
en sorte que les feuilles les plus basses arrivent
sur la terre. De nouvelles racines se forment
rapidement sous la tige, et la plante est alors stable.
Ce processus permet d'ailleurs de faire repartir
des plants faibles.
Les tomates nécessitent beaucoup de lumière
et une situation la plus ensoleillée possible. Les
plants ont besoin de beaucoup d'eau et, toutes les
2 semaines, il faut les arroser avec un fertilisant
pour tomates riche en potassium et en calcium.
En cas de manque de calcium, des taches noires
apparaissent : c'est la pourriture apicale, appelée
aussi « cul noir de la tomate ». Les gourmands
des tomates de tuteurage doivent être enlevés
régulièrement ; ce n'est pas nécessaire pour les
tomates naines ou buissonnantes. Au plus tard fin
août – début septembre, coupez la tête de la plante
– les fruits ne peuvent de toute façon plus mûrir.
Afin de prévenir l'invasion de pourriture brune
ou de mildiou, construisez un toit au-dessus de vos
pieds pour protéger les feuilles de la pluie et de la
rosée. Les feuilles humides sont plus rapidement
la proie de champignons.

Tomates jaunes

Tomates 'San Marzano'

Tomates à cocktail

Ravageurs et maladies : mouche blanche, pourriture brune, milidou, cladosporiose de la tomate, pourriture apicale

Récolte et utilisation : laissez les fruits mûrir sur pieds, les arômes n'en sont que plus puissants et la teneur en vitamines plus élevée.

Tomates pour carré potager

VARIÉTÉ	PROPRIÉTÉS
'Black Cherry'	Rendement élevé de tomates cerises au fruit noir. Saine et robuste contre les maladies.
'Dorenia'	Fruits rouges, ovales et aux arômes de fruit. Très bonne résistance à la pourriture brune. Rendement élevé.
'Golden Currant'	Tomate sauvage produisant des grappes de tout petits fruits jaunes sucrés. Espèce ancienne, rustique, demandant peu de fertilisant. La plante peut être menée sur plusieurs tiges.
'Chaperon Rouge'	Tomate buissonnante compacte aux fruits rouges et ronds. Il n'est pas nécessaire de couper les gourmands. Mesure 50-60 cm de haut.
'Philovita F1'	Tomate cerise aux fruits rouges, sucrés et fruités. Très résistante à la pourriture brune et autres maladies de tomates.
'Tigerella'	Fruits rouges zébrés d'orange, saveur équilibrée. Tomate de tuteurage, enlevez les gourmands, mais pas les feuilles.

Piments 'Lemon Drop'

Poivron, piment

Capsicum annuum, C. frutescens ☼

Profondeur de semis : 0,5-1 cm | Espacement entre les plants : 50 × 50 cm

Besoin en nutriments : élevé
Substrat : terreau ou compost-terre
Semis : culture précoce dès mi-février
Repiquage : mi-mai
Durée de culture : 5 à 8 mois
Associations : basilic, tomate, chou-rave, chou, salade, ail

Il existe de nombreuses formes de poivrons, pas seulement ceux, traditionnels, compacts et oblongs ou pointus. Au cours des années passées, des variétés plus petites ont été développées, comme les poivrons tomates ou prunes. Les cultiver en vaut la peine. Le piquant des piments est donné selon l'échelle de Scoville : 0 = aucun piquant ; 100-500 : paprika doux et piments doux ; 2 500-8 000 : piment jalapeño ; 30 000-50 000 : piment de Cayenne pur.

Culture/soins : les jeunes plants peuvent être plantés en pleine terre dès la mi-mai. Accompagnez chacun d'eux d'un tuteur en bambou, d'une baguette ou d'un anneau de soutien. Les plants ont tendance à ployer, voire à se casser sous le poids des fruits. Si le temps est encore froid, attendez quelques jours. Les jeunes plants de piments bloquent leur croissance pendant plusieurs semaines si les températures sont négatives. Coupez le premier bourgeon en haut de la tige, la récolte n'en sera que meilleure. Arrosez peu au début, puis plus souvent lorsque les premiers fruits sont là. Fertilisez toutes les 2 semaines. Attention à l'excès d'azote : les plantes ne produiraient que des feuilles et plus de fruits. Quelle que soit la variété, les fruits sont d'abord verts, puis ils deviennent jaunes, orange, rouges ou violacés.

Ravageurs et maladies : *Tetranychidae*, mouche blanche, puceron

Bonnes variétés : poivrons légumes : 'Neusiedler Ideal' ; poivrons pointus : 'Ferenc Tender', 'Pantos', 'Sweet Dreams' ; piments : 'Bishops Crown', 'Lemon Drop'

Récolte et utilisation : récoltez-en une partie encore verte, vous aurez alors un meilleur rendement. Sinon, attendez que la variété se colore avant la cueillette.

Poivrons dans un parterre surélevé

Mini-aubergine 'Picola'

Aubergine striée 'Listada de Gandia'

Aubergine

Solanum melongena ☼

Profondeur de semis : 0,5-1 cm | **Espacement entre les plants :** 60 × 50 cm

Besoin en nutriments : élevé
Substrat : terreau ou compost-terre
Semis : culture précoce de mars à avril
Repiquage : fin mai – début juin
Durée de culture : 4 à 6 mois
Associations : radis rouge, chou-rave, épinard

Les aubergines nous viennent d'Inde et de l'Extrême-Orient ; elles aiment la chaleur. En plus des variétés noires-violettes bien connues des étals de supermarché, il en existe des blanches, des jaunes, des rayées, des vertes, des rondes, des allongées ou même en forme d'œuf, ce qui a donné le nom de « plante à œufs » ou *eggplant*, en anglais.

Culture/soins : les aubergines ne supportent pas le froid et ne peuvent être plantées en pleine terre qu'à partir de début juin. Aucun plant de tomates ne doit avoir grandi dans la même terre l'année qui précède, ce qui contrarierait leur croissance. Il est recommandé de les recouvrir d'un tunnel ou d'un voile de forçage lors de nuits plus froides. Taillez la tige principale au cours des premières semaines après la plantation afin que les plants se ramifient et donnent naissance à 3 à 4 solides rameaux. Ne les laissez pas sécher et, dès juillet, fertilisez-les avec de l'engrais à tomates toutes les 2 semaines. Les variétés de petite taille sont plus adaptées à la culture en carré potager. Elles sont souvent répertoriées parmi celles que l'on peut faire pousser sur son balcon ou sa terrasse. Contre la mouche blanche, utilisez des plaques de glu anti-insectes.

Ravageurs et maladies : mouche blanche, tétranyque tisserand

Bonnes variétés : 'Reine Bleue', 'Ophélia', 'Rotonda', 'Sfumata', 'Bambino', 'Mohican', 'Listada de Gandia', 'Black Beauty', 'Striped Toga'

Récolte et utilisation : les aubergines sont prêtes à être cueillies lorsque les fruits ont atteint la grosseur voulue, qu'elles sont encore fermes, et luisantes. Coupez-les en conservant le pédoncule. Vous pouvez procéder à la récolte dès juillet dans un carré potager si les plants ont poussé sous un châssis ou un tunnel. Les aubergines se consomment braisées, cuites ou grillées. À condition qu'elles aient déjà été grillées, elles se conservent très bien dans des bocaux remplis d'huile ou de vinaigre. Les aubergines crues ne sont pas digestes, car elles contiennent de la solanine.

Concombre

Cucumis sativus ☼

Profondeur de semis : 2 cm | Espacement entre
les plants : 100 × 40 cm

Culture/soins : les nouvelles variétés de mini-
concombres, se prêtent particulièrement bien à la
culture en carré potager. À la mi-mai, les plants
d'avril peuvent être repiqués à l'extérieur. Un
tunnel grillagé recouvert de voile servira de tuteur
et de serre : les concombres aiment la chaleur.
Les concombres greffés sont particulièrement
productifs et résistants. Gourmands en eau et en
nutriments, il ne faut jamais les laisser sécher.
Ravageurs et maladies : tétranyque tisserand,
mildiou, puceron
Bonnes variétés : 'Printo F1', 'Sonja', 'Iznik F1'
Récolte et utilisation : 4 à 6 semaines après le
repiquage, la récolte commence. N'attendez pas
qu'ils soient trop gros.

Courgette

Cucurbita pepo ☼

Profondeur de semis : 2 cm | Espacement entre
les plants : 70 × 100 cm

Culture/soins : les jeunes plants sont mis en
pleine terre mi- à fin mai. Une poignée de compost
ou d'écorces de corne permet un départ rapide.
Arrosez régulièrement et fertilisez toutes les
4 semaines avec de l'engrais liquide. En cas de
sécheresse, les jeunes fruits tombent, les anciens
deviennent amers.
Ravageurs et maladies : mildiou, limaces,
maladies virales
Bonnes variétés : 'Cocozelle di Tripolis' (fruit
long vert strié de blanc), 'Rheingold' (jaune),
'Ronde de Nice' (verte, ronde), 'Summer Ball F1'
(jaune, ronde)
Récolte et utilisation : seules les fleurs femelles
donnent des fruits. Cueillez-les lorsqu'ils sont
petits, sinon elles ne donneront plus. Idéales
à griller, à poêler, en salade ou en gratin.

Courge

Cucurbita pepo, C. maxima

Profondeur de semis : 2 cm | **Espacement entre les plants :** 100 cm

Besoin en nutriments : élevé
Substrat : terreau ou compost-terre
Semis : culture précoce en mai, semis en pleine terre en juin
Repiquage : juin
Durée de culture : 4 à 6 mois
Associations : pois, laitue, oignon

Les courges sont des légumes aux rameaux retombants dont les tiges ont besoin de beaucoup de place. On les divise en deux groupes : les potirons (*C. maxima*), dont fait partie le très connu potiron d'Hokkaïdo, et les courges potagères (*C. pepo*), qui comptent les courges d'été et les courgettes.

Culture/soins : les courges ont besoin de chaleur et doivent être plantées fin mai, voire début juin. Repiquez vos jeunes plants en bordure du carré potager afin que les grandes tiges et les feuilles puissent tomber. Pour les tuteurer, n'utilisez que des supports très stables en bois ou en métal, car

Les courges ont besoin d'un tuteurage solide.

elles pèsent très lourd. Les courges ont besoin d'eau en quantité, comme de nutriments. Ajoutez du compost dans le trou au moment de la plantation et du fertilisant à légumes pendant les mois de juillet et d'août. En été, arrosez tous les 2 à 3 jours. Placez sous les fruits qui sont à même le sol une planche en bois ou de la paille afin qu'ils ne pourrissent pas.
Ravageurs et maladies : mildiou sur les feuilles, limaces, pourriture en cas d'humidité
Bonnes variétés : potirons : 'Red Kuri', 'Blue Kuri', 'Fictor' ; courges musquées : 'Butternut Waltham' ; courges d'été : pâtisson, 'Rondini', 'Sunburst'
Récolte et utilisation : courges potagères et potirons sont mûrs lorsque la tige commence à jaunir. Coupez la tige au-dessus du pédoncule, puis laissez-les mûrir quelques jours supplémentaires dans un endroit chaud et sec : vous pourrez les conserver plusieurs mois. Les courges d'été, à l'inverse, doivent être immédiatement consommées. Vous pouvez les accommoder en soupes, en gratins, les faire griller ou cuire au four.

Butternut

Oignons

Échalotes

Oignon, échalote

Allium cepa ☼

Profondeur de semis : 1-2 cm | Espacement entre les plants : 20 cm

Besoin en nutriments : faible
Substrat : terreau ou compost-terre
Semis : de mars à avril, en pleine terre
Repiquage : avril à mai
Durée de culture : 7 à 9 mois
Associations : carotte, panais, betterave, salade

Les oignons (*Allium cepa* var. *cepa*) ont un arôme doux ou piquant, une pelure blanche, brune ou rouge. Les oignons nouveaux, verts ou tiges font partie de la même espèce, mais ne forment pas de gros bulbes. Les échalotes (*A. cepa* var. *ascalonicum*) ont un arôme particulier et très fin. Le caïeu planté donne naissance à plusieurs caïeux fils. La ciboule, l'échalote verte ou cive (*A. fistulosum*), forme de longues feuilles creuses, qui peuvent servir, en hiver, d'oignons nouveaux.

Culture/soins : certes, il est possible de semer des oignons. Cependant, il est plus facile de planter des bulbilles à la fin mars dans votre carré potager (avril pour les échalotes qui préfèrent la chaleur).

Enfoncez-les de façon à ce que la pointe sorte de terre. Arrosez régulièrement jusqu'en juin lorsque la terre est sèche, sinon ils resteront petits. Dès mi- à fin juin, cessez d'arroser pour qu'ils puissent mûrir. Si vous souhaitez les semer, placez les semis en rangs directement dans le carré potager. Après la levée, espacez-les en ôtant les moins vigoureux de manière à obtenir un plant tous les 5-10 cm, en fonction des variétés. Dans certaines régions, ils peuvent être sujets à de fortes invasions de mouches de l'oignon. Cultivez-les alors sous un tunnel pourvu d'un voile anti-insectes.

Ravageurs et maladies : mineuse des feuilles d'allium, mouche de l'oignon, rouille de l'oignon, mildiou

Bonnes variétés : oignons : 'Sturon', 'Robelja', 'Géant de Stuttgart' ; oignons nouveaux : 'Rossa Lunga di Firenze', 'Ishikura Long White' ; échalotes : 'Red Sun', 'Yellow Moon' ; ciboule : la plupart du temps, il n'y a que cette variété.

Récolte et utilisation : les oignons nouveaux sont cueillis au besoin, sitôt que les tiges sont assez épaisses. Les oignons et les échalotes doivent mûrir dans le carré potager et être cueillis lorsque les feuilles jaunissent et s'assèchent. Quant à la ciboule, vous pouvez en récolter les feuilles à l'envi.

Ail

Allium sativum

Profondeur de semis : 5 cm | Espacement entre les plants : 20-25 cm

Culture/soins : l'ail doit être idéalement repiqué, dès octobre, ou en février-mars. Les gousses doivent être enfoncées d'environ 5 cm dans le sol. L'ail planté en automne fleurit l'année suivante. De petits bulbes se forment sur les fleurs, que vous pouvez également planter.
Ravageurs et maladies : mouche de l'oignon, teigne du poireau, pourriture blanche en cas d'humidité
Bonnes variétés : 'Edenrose', 'Germidour', 'Printanor' (rose), 'Flavor', 'Cledor', 'Messidor' (blanc) ; l'ail rocambole (*A. sativum* var. *ophioscorodon*) a des tiges courbées et un goût plus doux (illustration).
Récolte et utilisation : la récolte peut être effectuée de mi- à fin juillet, lorsque les feuilles les plus basses commencent à jaunir. Les gousses doivent être sèches pour être conservées.

Poireau

Allium porrum

Profondeur de semis : 1-2 cm | Espacement entre les plants : 15 × 40 cm

Culture/soins : semis en godets en février-mars, puis repiquage en mars-avril (variétés estivales), semis en avril-mai pour repiquage en juillet (variétés hivernales). Repiquez vos plantules dans des trous de 8-15 cm. Buttez-les afin que les fûts restent bien stables et blancs. Ne recouvrez pas au-dessus de la base des feuilles.
Ravageurs et maladies : teigne du poireau, rouille du poireau, mouche du poireau, mouche de l'oignon
Bonnes variétés : variété d'été : 'Géant de Suisse' ; variétés d'hiver et d'automne : 'D'Hiver de Saint-Victor', 'Blaugrüner Winter'
Récolte et utilisation : récolte entre juin et les premiers gels. Les variétés d'hiver et d'automne peuvent rester sur le carré potager, elles résistent au gel.

Brocoli à jets

Brocoli

Brassica oleracea var. *italica* ☼

Profondeur de semis : 2 cm | Espacement entre les plants : 50 × 50 cm

Besoin en nutriments : élevé
Substrat : terreau ou compost-terre
Semis : pour une récolte précoce, de mi-avril à fin juin, pour une récolte tardive, semis directement dans le carré potager de mi-avril à fin juin
Repiquage : mi-avril à fin juillet
Durée de culture : 3 à 4 mois
Associations : salade, pois, haricot nain, tomate, céleri, fenouil

On distingue deux types de croissance différents chez les brocolis : le plus connu, le chou brocoli, avec sa tête plus ou moins compacte et fermée et son inflorescence verte, et le brocoli à jets, ou brocoli asperge, avec de nombreux rejets à l'aisselle des feuilles, terminées par un petit chou violet. Ce groupe de brocolis est rustique : insensibles au froid, ceux-ci peuvent passer tout l'hiver sur le carré potager sous un voile.

Culture/soins : lors de la plantation, la motte de racine doit être entièrement dans la terre.

Les brocolis resteront ainsi mieux en place et ne ploieront pas. Le brocoli prend beaucoup de place lorsqu'il est à taille adulte. Avant que les plus grandes feuilles ne soient formées, vous pouvez planter de la laitue à couper à croissance rapide entre les plants, pour ne pas perdre d'espace. Buttez continuellement les plants pour renforcer son maintien. Les choux brocolis ont besoin de beaucoup d'eau et de nutriments. Les variétés à jets ne doivent plus être fertilisées après juillet pour éviter que les tiges deviennent molles et sensibles au gel.

Ravageurs et maladies : mouche du chou, piéride du chou, aleurode
Bonnes variétés : brocolis à jets : 'Early Purple', 'Sprouting', 'Santee F1' ; chou brocoli : 'Calinaro', 'Cezar', 'Coastal' (vert)
Récolte et utilisation : récoltez le brocoli lorsque la tête a atteint la bonne grosseur et qu'elle est encore ferme. Les pommes lâches, dont les fleurs sont déjà ouvertes ou en train d'éclore, ont un goût amer. Si vous ne coupez pas la tige trop bas, vous pourrez récolter des rejets 3 à 4 semaines plus tard. Le brocoli à jets peut être cueilli régulièrement selon vos besoins.

Brocoli

Romanesco

Chou-fleur

Chou-fleur, chou romanesco

Brassica oleracea var. *botrytis* ☼

Profondeur de semis : 2 cm | Espacement entre
les plants : 50 × 50 cm

Besoin en nutriments : élevé
Substrat : terreau ou compost-terre
Semis : pour une récolte précoce, de mi-avril à fin
juin, pour une récolte tardive, semis directement
dans le carré potager de mi-avril à fin juin
Repiquage : mi-avril à fin juillet
Durée de culture : 3 à 4 mois
Associations : salade, pois, haricot nain, tomate,
céleri, bette, carotte

Il existe des choux-fleurs avec des têtes blanches,
orange ou violettes. Le chou romanesco est
toujours vert. De tous les choux, ces deux-là ont
les besoins en eaux et en engrais les plus élevés.
Ils poussent particulièrement bien dans la terre
humifère et riche en nutriments d'un carré potager
rempli de compost.

Culture/soins : il existe différentes variétés de
choux-fleurs : pour des cultures précoces, estivales
et hivernales. S'ils sont plantés à la mauvaise
période, ils monteront en graines. Il en va de

même pour les plantules restées trop longtemps
en godet. Les jeunes plants sont piqués de telle
manière que toute la touffe de racines soit en
terre. Afin de protéger les choux d'une invasion
de mouches du chou, entourez le collet de chaque
plant d'un morceau de carton. Ne les laissez pas
sécher et fertilisez toutes les 4 semaines. Buttez
régulièrement les plants de chou-fleur et de
romanesco afin d'éviter que les pommes lourdes
ne tombent. Vous pouvez aussi arracher quelques
grandes feuilles périphériques et en recouvrir la tête
des choux-fleurs pour qu'ils ne verdissent pas.
Ravageurs et maladies : mouche du chou, piéride
du chou, aleurode
Bonnes variétés : choux-fleurs : 'Celiano'
(automne), 'Neckarperle' (très hâtive), 'Nuage'
(été et automne), 'Odysseus' (précoce), 'Violet de
Sicile' (précoce, été, violette), 'Sunset' (précoce,
été, orange) ; romanesco : 'Veronica' et 'Minaret'
(précoce et tardive, non estivales)
Récolte et utilisation : récoltez vos choux-fleurs
et choux romanesco tant que les pommes sont
encore compactes. Consommez-les rapidement
et congelez l'excédent après l'avoir blanchi. Les
feuilles tendres peuvent être mangées aussi, en
salade ou cuites. Les variétés violettes deviennent
blanches à la cuisson.

CARRÉ POTAGER D'HERBES AROMATIQUES
Des arômes frais pour la cuisine

Cultivez les aromatiques de cuisine avec des légumes ou dans un carré potager à part. Les herbes méditerranéennes s'épanouissent mieux seules puisqu'elles ont des besoins moindres en nutriments. Les aromatiques peuvent également se mélanger aux vivaces et aux fleurs d'été.

LES AROMATIQUES FONT PARTIE

de chaque jardin et, naturellement, de tout carré surélevé. Les annuelles à croissance rapide telles le cerfeuil et le cresson sont idéales pour combler des trous. On peut donc les cultiver parmi d'autres légumes et les récolter avant que choux ou salades soient si gros qu'ils prennent toute la place. Les autres peuvent passer toute la saison dans le parterre.

Veiller à leurs besoins

Cultivez vos herbes en prenant en compte leurs besoins en lumière, en eau et en luminosité. Les aromatiques pour la cuisine comme la ciboulette, le persil, le cerfeuil, la livèche et le céleri chinois se marient bien et peuvent accompagner la plupart des autres légumes. Les herbes méditerranéennes perdent leurs arômes si elles sont trop arrosées et fertilisées, aussi est-il mieux de les cultiver à part dans de la terre spéciale pour herbes aromatiques, du substrat pour toit végétalisé ou un mélange de compost et de terre comprenant un tiers de sable. Vous pouvez également combiner les deux types d'herbes en plaçant au centre d'un parterre surélevé dédié aux herbes de cuisine (avec du compost) un mini carré potager où faire pousser les méditerranéennes (dans un substrat plus pauvre). Un simple cadre en bois ou deux à trois rangées de briques superposées suffisent. Plus la situation est ensoleillée, plus les herbes auront de saveur. Plantez vos herbes dans la partie la plus ensoleillée du parterre surélevée.

Concevoir un carré surélevé d'aromatiques

Avec leurs nombreuses petites feuilles, les aromatiques ont l'air plus turbulentes que la salade ou le chou. Les petits carrés d'aromatiques sont particulièrement attrayants lorsqu'on s'attache à leur donner des formes claires et à bien répartir les différentes essences. Semez ou repiquez les herbes en rangs ou en petits carrés. L'effet est d'autant plus beau si vous mélangez différentes variétés d'une même herbe : du basilic vert à grandes et à petites feuilles avec du rouge par exemple. Il existe également de nombreuses variétés de sauge, de thym et d'origan. Les herbes plus hautes, comme la livèche, peuvent être placées au centre du carré surélevé, ou dans les coins, les moyennes et les plus petites, en bordure.

Plus de chaleur pour les méditerranéennes

Thym, lavande, romarin, origan et sarriette prospèrent dans un environnement chaud et sec. Afin de leur donner encore plus de chaleur, placez quelques grosses pierres entre les herbes. Elles emmagasinent la chaleur pendant la journée et la diffusent pendant la nuit.

Les herbes méditerranéennes, comme l'origan, le thym, la sauge et le romarin, trouvent des conditions idéales de développement dans un carré potager surélevé.

LA CULTURE D'HERBES AROMATIQUES

Les épices de votre jardin

Les herbes aromatiques sont simples à cultiver. De nombreuses variétés peuvent être semées dès février sur un rebord de fenêtre, dès mars dans votre carré potager. Pour les autres, c'est encore plus rapide : procurez-vous de jeunes plants chez un pépiniériste.

AU PRINTEMPS, si vous feuilletez le catalogue d'un pépiniériste, vous serez surpris par la multitude de variétés disponibles. Les herbes aromatiques proviennent de toutes les régions du globe et de nombreuses familles de plantes. Elles ont des exigences différentes concernant la lumière, la température, la lumière et la nature du sol.

* Les annuelles, comme le cerfeuil, la coriandre ou le cresson, poussent vite et sont semées dès mars-avril dans le carré potager. Semez toutes les 3 à 4 semaines pour obtenir une récolte continue.
* Les bisannuelles, comme le persil, doivent de préférence être semées. Il est possible de se procurer de jeunes plants ; ils doivent alors être repiqués lorsqu'ils sont encore petits et qu'ils n'ont pas plus de 3 à 4 vraies feuilles. Les spécimens de taille plus importante font une mauvaise réaction au repiquage et tendent à fleurir prématurément.
* Les pluriannuelles, comme la livèche, font tant de feuilles que 1 ou 2 plans suffisent pour un usage ménager. On peut les acheter chez un pépiniériste ou dans une jardinerie. En revanche, il est préférable de semer la ciboulette ; les plantules ont tendance à fleurir prématurément, rendant les tiges dures et immangeables.
* Les herbes méditerranéennes, tels le thym, le romarin ou l'origan, doivent être repiquées. Comme elles demandent moins d'humidité et de fertilisant que les autres, il est préférable de les cultiver dans un carré potager à part.

Pour toutes ces herbes : arrosez-les abondamment après les avoir plantées et ne les laissez pas sécher au cours des premières semaines.

Arroser, fertiliser et entretenir

Les herbes aromatiques demandent vraiment peu d'entretien et poussent la plupart du temps sans qu'on s'en occupe. Un ajout de compost au printemps suffit à les fournir en nutriments. La livèche apprécie un second ajout au cours de l'été. N'oubliez pas d'arroser pendant les périodes de sécheresse. Recouvrez les pluriannuelles d'un voile de forçage dès le mois de novembre afin de les protéger du froid et de la dessiccation. Les herbes ligneuses, comme le thym, la lavande et la sauge, restent compactes si on les taille d'un tiers de leur hauteur au printemps.

Cet origan doré apporte des touches de couleur au jardin.

Les aromatiques aux longues tiges poussent mieux en bordure de parterre.

Conserver les herbes

Si vous cultivez beaucoup d'herbes aromatiques, vous pouvez vous constituer une réserve pour les périodes froides de l'année. Afin de conserver leurs arômes intacts, voici quelques méthodes de conservation :

* **Congeler** : les herbes comme le persil, l'aneth, la ciboulette, la livèche, le cresson et le cerfeuil doivent être passées à l'eau après la récolte, hachées menu et disposées dans des bacs à glaçon pour une conservation optimale. Versez un peu d'eau dessus et mettez le tout au congélateur. Les cubes d'herbes congelés peuvent être ensachés et rangés dans le congélateur. Vous pouvez également ajouter de l'oignon, de l'ail, voire de la carotte, du persil tubéreux ou du panais afin d'avoir à tout moment un bouquet garni pour la soupe prêt à l'emploi.
* **Sécher** : sauge, romarin, thym, lavande, origan et sarriette peuvent être mis à sécher, la tête en bas, accrochés par les racines, ou sur des grilles, puis être conservés dans des bocaux étanches.
* **Saler** : persil, aneth, cerfeuil et livèche sont hachés menu et mélangés à du gros sel (1/3 de sel, 2/3 d'herbes). Laissez le mélange à l'air libre pendant une journée. Conservez-le en bocaux.

Herbes à thé et parfumées

Vous pouvez dédier un petit carré potager à un usage spécifique, comme la culture d'herbes à thé et parfumées. Les feuilles et les fleurs d'agastache, de lavande, de mélisse officinale, de sauge, de menthe, de fenouil, d'anis, de carvi et de thym peuvent être utilisées fraîches ou sèches pour faire du thé. Non seulement il sera bon mais, en plus, il sera plein de vertus : le thym soulage les maux de gorge, par exemple. Verveine citronnelle (*Aloysia*, voir ci-dessous) et chanvre d'eau, plus sensibles au froid, poussent également en carré potager. Soit vous repiquez de nouvelles plantules tous les ans, soit vous déposez des pots dans le parterre, début avril, que vous remiserez à un endroit clair et sec fin octobre – début novembre pour hiverner.

Persil

Petroselinum crispum ☀️🌤️

Profondeur de semis : 2-3 cm | Espacement entre les plants : 20-30 cm

Culture/soins : on sème directement le persil en mars, lorsque le sol n'est plus humide ni froid (15-20 °C). Le persil pousse doucement et de manière irrégulière. Souvent, il commence à lever après 3 semaines. Ne laissez pas sécher. Il fleurit au cours de la deuxième année.

Ravageurs et maladies : maladies fongiques, cercosporiose du persil. Le persil plat est moins sujet aux maladies.

Bonnes variétés : persils frisés : 'Perle verte 2', 'Mooskrause 2' ; persils plats : 'Géant d'Italie', 'Einfache Schnitt 3'

Récolte et utilisation : récolte entre fin avril et les premiers gels. Pour salades, soupes, en guise d'épice. Se congèle bien.

Basilic

Ocimum basilicum ☀️🌤️

Profondeur de semis : 0,5 cm max. | Espacement entre les plants : 25 × 30 cm

Culture/soins : semez dans des godets dès mars. Il apprécie la chaleur et germe le plus rapidement à 18-20 °C. Ne recouvrez pas les graines de terre, enfoncez-les et arrosez-les. Repiquez à la mi-mai. Le basilic est plus robuste qu'on ne le pense et se remet vite de périodes de sécheresse. Enlevez les fleurs, sinon il a un goût amer.

Ravageurs et maladies : phoma et moisissure dans une terre trop humide, limaces, pucerons, mouches sciarides

Bonnes variétés : vertes, à grandes feuilles : 'Grand Vert de Gêne' ; à petites feuilles : 'Piccolino' ; rouges : 'Dark Opal' ; basilic citron : 'Lime' ; basilic thaï : 'Thaï'

Récolte et utilisation : cueillez régulièrement les jeunes feuilles et les pointes des tiges. Le basilic produira de nouvelles pousses.

Cerfeuil

Anthriscus cerefolium

Germe à la lumière | Espacement entre les plants : 25-40 cm

Culture/soins : semez de mars à juillet toutes les 4 semaines. Comme il fleurit rapidement, les feuilles jaunissent et perdent de leur goût. Les graines ne doivent pas être recouvertes de terre, elles ont besoin de lumière pour lever. Dispersez les graines, appuyez légèrement dessus et arrosez. Les semis tardifs (de juillet à septembre) ne produisent pas de fleurs et peuvent passer l'hiver. Planter du cerfeuil à côté de salades éloigne les limaces.

Ravageurs et maladies : pucerons, maladies fongiques, faux mildiou. Ne doit pas être trop humide.

Bonnes variétés : 'Verena'

Récolte et utilisation : récole d'avril à octobre. Pour les soupes et les salades. Utilisez frais de préférence. Sec, il perd de ses arômes.

Origan marjolaine

Origanum majorana

Germe à la lumière | Espacement entre les plants : 20 × 20 cm

Culture/soins : semez en godets en mars-avril. Repiquez en mai. Ne recouvrez pas les graines, appuyez légèrement dessus et arrosez. La plante croît lentement. Prenez garde aux adventices et retirez-les. L'origan marjolaine ne supporte pas l'hiver, il convient donc de le replanter tous les ans.

Ravageurs et maladies : les plantules sont sujettes aux maladies fongiques. Ne doit pas être humide.

Bonnes variétés : origan marjolaine italien, français

Récolte et utilisation : de juin à septembre, cueillez les fleurs jeunes et la pointe des tiges. Pour soupes et gratins. L'origan marjolaine est souvent confondu avec l'origan (voir p. 120, origan). Il se distingue pourtant à ses boutons ronds.

Ciboulette

Allium schoenoprasum

Profondeur de semis : 2 cm | Espacement entre
les plants : 30 cm

Culture/soins : semis possible en pleine terre
dès février-mars. Comme les graines germent
doucement, il est préférable de repiquer de jeunes
plants. La ciboulette est une pluriannuelle qui
peut pousser de nombreuses années dans un carré
potager. Les plantules repiquées en juin-juillet ont
tendance à faire des tiges florales. Apprécie un sol
riche en calcaire.
Ravageurs et maladies : rouille de la ciboulette
et faux mildiou. Coupez les feuilles infectées
et jetez-les.
Bonnes variétés : 'Schmitt', 'Gonzales', 'Elbe'
Récolte et utilisation : coupez les tiges fraîches
à 1-2 cm au-dessus du sol. Convient à la
congélation. Perd beaucoup d'arôme en séchant.

Livèche

Levisticum officinale

Espacement entre les plants : 50 cm

Culture/soins : un semis ne vaut pas la peine.
Privilégiez un repiquage des plantules dès mars.
La livèche est une pluriannuelle à la croissance
rapide. Fertilisez avec de l'engrais liquide pour
herbes aromatiques ou du compost en juin ou
après la récolte. En automne, les feuilles jaunissent.
La plante repart au printemps. La livèche peut
atteindre 1 m de haut, elle a donc besoin de place.
Ne laissez pas sécher, mais veillez à un surplus
d'humidité.
Ravageurs et maladies : pucerons (lavez-les
à l'eau), maladies fongiques (coupez les feuilles
contaminées)
Bonnes variétés : 'Verino'
Récolte et utilisation : les jeunes feuilles ont un
goût tendre et épicé. Récolte de l'été à l'automne.
Utilisez avec parcimonie. Pour les soupes, la viande
et les gratins. Peut être mise à sécher ou congelée.

Sarriette de montagne

Satureja montana

Germe à la lumière | Espacement entre les plants :
25-30 cm

Culture/soins : semis possible dès mars. Enfoncez
légèrement les graines et arrosez. Le repiquage de
plantules promet une croissance plus rapide. La
sarriette de montagne apprécie un sol pauvre en
nutriments et sec. Il est conseillé de la planter dans
un terreau pour aromatiques ou de mélanger du
sable au substrat. Au printemps de la deuxième
année, fertilisez avec du compost et taillez
légèrement. Protégez de l'humidité en hiver
et recouvrez d'un voile de forçage.
Ravageurs et maladies : plante robuste
et résistante
Bonnes variétés : sarriette citronnée (*Satureja
montana* var. *citriodora*)
Récolte et utilisation : les jeunes feuilles et les
pointes des tiges ont des arômes délicats. Si vous
voulez les faire sécher, coupez une branche entière.

Estragon

Artemisia dracunculus var. *sativa*

Espacement entre les plants : 30-40 cm

Culture/soins : l'estragon de Russie peut être
semé, au contraire du français, plus parfumé, qui ne
se reproduit que de façon végétative. En automne
(septembre) ou au printemps (avril), plantez
la tige et ses racines dans de la terre à aromatiques.
Protégez en hiver contre l'humidité et le froid à l'aide
d'un voile de forçage. Si l'estragon supporte l'ombre,
il appréciera bien mieux le plein soleil. Ne laissez pas
sécher, afin que les feuilles conservent leur goût.
Ravageurs et maladies : rouille et nématodes
Bonnes variétés : estragon français
Récolte et utilisation : récolter les jeunes feuilles
et l'extrémité des tiges. Si vous voulez le faire
sécher, coupez toute une tige à 5 cm au-dessus
du sol à la fin de l'été.

Romarin

Rosmarinus officinalis ☼

Espacement entre les plants : 40-50 cm

Culture/soins : repiquez les plantules dès mars dans du terreau pour aromatiques, mélangé à du sable ou dans un sol filtrant. Fleurit dès avril. Fertilisez en avril-mai, et plus ensuite, afin que les tiges ne deviennent pas trop molles, et qu'elles ne gèlent pas l'hiver. Le romarin supporte un hiver doux dans de nombreuses régions, à condition d'être recouvert d'un voile.
Ravageurs et maladies : tétranyques en cas de grosse chaleur
Bonnes variétés : 'Arp' (particulièrement résistant à l'hiver)
Récolte et utilisation : les tiges tendres et les fleurs fraîches accompagnent les plats méditerranéens et relèvent vos grillades. Pour les faire sécher, coupez toute la tige à la fin de l'été.

Lavande

Lavandula angustifolia ☼

Espacement entre les plants : 30-50 cm

Culture/soins : plantez en mars-avril dans un terreau pour aromatiques filtrant. Fertilisez modérément, sinon les feuilles et les boutons perdent en arôme. En août, taillez légèrement le bois encore tendre, et non le vieux bois. Recouvrez d'un voile de forçage en hiver. Le lavandin est particulièrement parfumé et supporte les sols riches en nutriments.
Ravageurs et maladies : moisissure sur un sol trop humide par de trop fortes chaleurs.
Bonnes variétés : 'Hidcote', 'Cecilia', 'Two Seasons'
Récolte et utilisation : coupez les boutons à faire sécher entre fin juin et début juillet, lorsque presque tous les boutons des épis sont ouverts. Les feuilles et les tiges peuvent être cueillies entre le printemps et l'automne. Vous pouvez utiliser la lavande pour faire des coussins parfumés, confectionner des desserts et parfumer le sucre et les marmelades.

Thym citron

Compact et dense, le thym 'Compactus'

Thym

Thymus vulgaris, T. × citriodorus ☼

Germe à la lumière | Espacement entre les plants : 30-40 cm

Besoin en nutriments : faible
Substrat : substrat pour toit végétalisé, terreau pour aromatiques, terreau pour jardinières
Semis : culture précoce dès avril, semis en pleine terre d'avril à mi-août
Repiquage : d'avril à mai
Durée de culture : pluriannuelle
Associations : sauge, romarin, lavande, sarriette de montagne

Le thym est incontournable dans tout carré potager d'aromatiques. Il en existe plusieurs variétés aux feuilles de couleurs différentes et aux parfums divers. Il est même possible de consacrer un petit carré potager à cette aromatique.

Culture/soins : le thym apprécie un sol filtrant et calcaire en plein soleil. Il est possible de le semer dès mars-avril. Il pousse plus rapidement après avoir été repiqué en avril. Il peut également croître dans une terre humide et riche, mais ses racines ne se développeront qu'en surface, gâtant sa lignification. Le thym ne supporte généralement pas l'hiver. Dans un carré potager, il faut attendre que la terre soit presque sèche avant l'arrosage. La plante peut être facilement multipliée par bouturage ; coupez une tige de 4-5 cm et plantez-la dans du sable humide après avoir enlevé les feuilles de la base. Au bout de quelques semaines, votre bouture aura des racines.

Ravageurs et maladies : aucun
Bonnes variétés : 'Compactus' (parfumé), thym de Corse herba-barona (épicé) ; thym citron (*Thymus* x *citriodorus*) aux arômes de citron. Il y a des variétés aux feuilles vertes et d'autres dont les feuilles sont blanc-vert ou jaune-vert, le 'Lammefjord' résiste mieux au froid ; le thym orange (*T. fragrantissimus*) renferme des notes fruitées d'orange
Récolte et utilisation : utilisez les pointes des tiges et les feuilles pour les plats méditerranéens, les tiges entières avec leurs feuilles pour relever vos plats lors de la cuisson. Peu avant l'éclosion des petites fleurs roses, les substances aromatiques des feuilles sont à leur apogée. Ne faites sécher que des tiges entières et mûres en les suspendant dans un lieu sombre. La décoction de thym est un très bon remède contre la toux. Mélangez les feuilles dans de l'eau, portez à ébullition et laissez macérer.

Immortelle d'Italie

Helichrysum angustifolium (syn. *italicum*)

Espacement entre les plants : 30-40 cm

Culture/soins : le semis est possible, mais il est préférable de repiquer de jeunes plants dès avril. L'immortelle d'Italie a besoin du plein soleil et d'une terre pauvre et filtrante. Taillez au printemps et à la fin de l'été après la floraison. À l'inverse de la lavande, le vieux bois peut repartir. Protégez de l'humidité en hiver et recouvrez d'un voile de forçage.

Ravageurs et maladies : aucun

Bonnes variétés : Silbernadel, 'Weisses Wunder'

Récolte et utilisation : pointe des tiges et tiges entières. N'utilisez qu'en accompagnement et avec parcimonie en raison des arômes intensifs.

Origan

Origanum vulgare

Germe à la lumière | Espacement entre les plants : 30-40 cm

Culture/soins : plantez au printemps ; en avril de la deuxième année, ajoutez un peu de compost. Plus l'emplacement est ensoleillé, plus le sol est sec, plus les feuilles sont aromatisées. En mars-avril, taillez les vieilles tiges à 5 cm du sol. L'humidité en hiver peut provoquer le pourrissement des racines.

Ravageurs et maladies : rouille (enlever les tiges contaminées)

Bonnes variétés : 'Compactum', 'Aromatico', origan de Crête (*Origanum creticum*)

Récolte et utilisation : récoltez les feuilles et la pointe des tiges avant l'ouverture des boutons. Utilisez frais pour la cuisine méditerranéenne. Arôme intense, d'autant plus lorsqu'on utilise des feuilles séchées. Pour les faire sécher, coupez les tiges avant la fleur et suspendez-les, ou faites sécher les feuilles sur de la gaze.

Sauge officinale
Salvia officinalis ☼

Germe à la lumière | Espacement entre les plants :
40-50 cm

Besoin en nutriments : faible à moyen
Substrat : substrat pour toit végétalisé, terreau
pour aromatiques, terreau pour jardinières
Semis : d'avril à mai
Repiquage : d'avril à mai
Durée de culture : pluriannuelle
Associations : thym, romarin, lavande, sarriette
de montagne

On trouve de nombreuses sortes de sauges
officinales ou arbustives, certaines avec des feuilles
colorées qui, en plus d'être aromatiques, sont
du meilleur effet dans les carrés potagers

Culture/soins : la sauge est un petit arbuste
pluriannuel, pouvant atteindre une taille de 60-
80 cm. Il lui faut un emplacement chaud et
ensoleillé. Un sol trop riche ramollit les tiges et
donne de grandes feuilles favorisant les invasions
de mildiou. En avril-mai, on taille les tiges d'un
tiers avant la floraison. Les coupes peuvent alors
être bouturées. Un unique ajout de compost en
mai suffit à fertiliser. On peut également tailler le

Sauge officinale panachée 'Icterina'

vieux bois de la sauge en avril ; il repart et reforme
un buisson. Les plantes trop fertilisées craignent
davantage le gel. Remplacez les vieux plants,
qui ne sont plus beaux, par de nouveaux.
Ravageurs et maladies : mildiou en cas
d'humidité. La sauge doit se trouver dans
un endroit aéré.
Bonnes variétés : 'Berggarten' (aromatique),
'Purpurascens' (tiges et jeunes feuilles de couleur
pourpre), 'Icterina' (feuilles jaunes à jaune-vert,
panachées de blanc), 'Rotmühle' (feuilles blanc-
vert), 'Tricolor' (feuilles panachées de vert, de blanc
et de violet)
Récolte et utilisation : en avril-mai, cueillez
le tiers supérieur des tiges, en été et en automne,
ne cueillez que les pointes et les jeunes feuilles.
Les vieilles feuilles sont amères et ne peuvent être
utilisées que cuites ou en guise d'engrais. La sauge
peut être facilement séchée ; suspendez les tiges
individuellement (pas en bouquet) ou posez
les feuilles sur un grillage ou un cadre recouvert
de gaze, jusqu'à ce qu'elles crissent.

Sauge officinale pourpre 'Purpurascens'

CARRÉ POTAGER SURÉLEVÉ DE PETITS FRUITS

Fraisiers et arbrisseaux à baies

Les fraises sont les premiers fruits sucrés à venir dans le jardin. Elles sont suivies des groseilles aigres-douces, des framboises parfumées et des délicieuses myrtilles. Grâce à votre carré potager, vous pourrez piquer des baies en passant, de mai à septembre.

DANS UN CARRÉ POTAGER, les fraises poussent très bien : il faut dire qu'elles ont tout ce dont elles ont besoin pour grandir : une terre humifère, de la chaleur, des nutriments et de l'eau en suffisance. En outre, elles sont mieux protégées contre les limaces en hauteur que dans des plates-bandes traditionnelles.

On compte une très grande variété d'arbrisseaux à baies qui poussent très bien dans un carré potager et qui permettent une abondante récolte. Les variétés à la croissance forte, tels les ronces à fruits et les casseilliers, s'épanouissent dans un grand carré surélevé, tandis que les fraisiers, les groseilliers, les groseilliers à maquereau et les airelles prospèrent sur de plus petites surfaces.

Une récolte longue grâce à une belle sélection de variétés

Au cours des siècles, les jardiniers ont sélectionné et cultivé un grand nombre de variétés différentes à partir des espèces sauvages. Elles ne se distinguent pas seulement par le goût des fruits ou leur forme, mais aussi par le moment de leur maturité. Ainsi, les fruits des groseilliers 'Jonkheer van Tets' sont mûrs dès la fin juin, suivis de variétés de mi-saison, semi-tardives et tardives comme les 'Rovada', dont les fruits sont suffisamment mûrs de la fin juillet à août. Il en va de même pour les fraises, les cassis, les airelles et les groseilliers à maquereau : vous pouvez étendre les récoltes entre 4 et 5 mois, en choisissant des variétés différentes. Cela offre un avantage supplémentaire : grâce à la fécondation réciproque, vous aurez plus de fruits qui se développeront mieux et qui seront plus gros. Au cours des dernières années, de nouveaux éléments ont fait jour concernant la culture de variétés nouvelles : nombreuses sont celles à être devenues insensibles aux maladies fongiques, comme le mildiou américain. Lors de votre choix, préférez les espèces immunisées contre ces maladies. C'est le cas aussi de bien des anciennes variétés. Pour ce qui est des groseilliers à maquereau, choisissez des variétés avec peu ou sans épines ; elles sont plus faciles à tailler et les fruits plus aisés à cueillir.

Mariage de plantes

Les arbrisseaux à baies sont des hôtes durables du carré potager ; ils peuvent y séjourner pendant plusieurs années. Sous les buissons, vous pouvez planter des fraisiers classiques. Les pensées à corne sont également très belles et elles donnent des fleurs tout l'été qui, de surcroît, sont comestibles. Le souci officinal, l'œillet d'Inde, la capucine des jardins et de nombreuses plantes aromatiques serviront également de décoration dans vos parterres de petits fruits comme dans vos assiettes. En y ajoutant de l'origan et de l'agastache, vous brouillerez complètement les frontières entre jardin d'agrément et jardin potager.

Des fraises tombent par-dessus le rebord du carré potager. À l'arrière-plan, des groseilles grimpent sur leur support.

PLANTATION ET ENTRETIEN
Carré potager de baies

Les arbrisseaux à baies ne sont pas seulement cultivés au jardin. Dans un carré potager surélevé, ils peuvent également donner des formes bien différentes. Plantations en espalier, en pyramide ou en petits buissons.

Fraises et baies dans un parterre divisé en carrés : l'assurance d'une récolte abondante (voir p. 27).

AVEC UN PEU D'ENTRETIEN,

les fraisiers poussent très bien dans les parterres surélevés et donnent une riche récolte. Une bonne fertilisation, un élagage régulier et une bonne taille permettent de les conserver de nombreuses années.

Hautes tiges dans le carré potager

Groseilliers et groseilliers à maquereau sont souvent vendus en haute tige. Dans le jardin ou dans de grands bacs, ils sont vraiment de toute beauté, surtout lorsqu'ils sont accompagnés de fleurs d'été ou de fraisiers des bois. Dans un carré surélevé de plus de 80 cm de haut, la cueillette peut cependant vite s'avérer éreintante ; la cime se trouve bien au-dessus de votre tête. Par ailleurs, les hautes tiges ont toujours besoin d'un tuteur et, au bout de 8 à 10 ans, elles sont déjà âgées et ne donnent plus beaucoup de fruits. Autrement dit : pour un carré surélevé, optez plutôt pour des groseilliers buissonnants.

Plantation

Comme les arbrisseaux à baies restent plusieurs années dans le carré potager, il faut le remplir d'un substrat à la structure stable comme du terreau de rempotage ou de toit végétalisé. La meilleure période pour planter est en automne, entre septembre et octobre. Les arbrisseaux ont alors le temps de grandir pour livrer leurs fruits au printemps.

* Vous pouvez cependant les planter toute l'année dans des bacs pour peu que votre terre ne soit pas gelée.

* Les arbrisseaux doivent être repiqués dans un parterre à la même profondeur que dans leur pot d'origine.

* Après la plantation, coupez les tiges gênantes, les fines et les sèches, ou celles qui sont endommagées à l'aide d'un couteau ou d'un sécateur aiguisé. Pour une culture en espalier, 3 tiges vigoureuses suffisent ; pour un buisson, 3 à 5.

* Après la plantation, arrosez abondamment et maintenez le sol humide au cours des premières semaines.

Astuce pratique

Entretien

Les arbrisseaux à baies ne sont pas particulièrement exigeants. Un ajout de compost mûr au mois d'avril, mélangé avec des copeaux de corne, ou un fertilisant spécial suffisent à combler leurs besoins nutritifs pour la saison à venir. Arrosez bien après avoir fertilisé. Comme leurs racines restent près de la surface, elles ne doivent pas sécher. Veillez bien à ce que l'humidité soit constante, notamment pendant la formation des fruits. Une alternance entre période sèche et humide au printemps peut entraîner des dégâts sur les fruits. Mulchez avec du compost ou de l'humus d'écorce afin de prévenir la dessiccation des racines et le gel en hiver.

Taille

Tous les arbrisseaux à baies ont besoin d'une taille régulière pour produire de belles quantités de fruits. Le plus simple est de les tailler après la récolte. Coupez les longs rameaux nouveaux de 5-10 cm, ainsi que les rejets trop faibles. Enlevez complètement les rameaux encombrants. Quatre à 5 ans après la plantation, offrez-leur une cure de rajeunissement : coupez les rameaux les plus âgés au-dessus du sol et remplacez-les par de nouveaux.

Protection contre les oiseaux

Les baies sucrées sont appréciées par bien des hôtes du jardin, notamment les merles et les grives. Si vous ne voulez pas partager vos fruits, voire si vous voulez en conserver quelques-uns, protégez vos buissons à temps avec un filet anti-oiseaux.

Les framboisiers, un cas à part

Les framboisiers ont besoin d'une terre humifère et légèrement acide. Pour un parterre surélevé de hauteur normale, ils sont presque trop grands mais, pour de simples bordures hautes de 20-30 cm, ils sont parfaits. Si l'emplacement est ensoleillé ou légèrement à l'ombre, rien ne peut plus empêcher une récolte abondante.

On distingue deux types de framboisiers. Les framboisiers d'été portent leurs fruits sur les jeunes rameaux de l'année précédente. Après la récolte, on les coupe au niveau du sol. Les rameaux vert clair, quant à eux, doivent rester en place, ils feront des fruits dans 1 an. L'ajout de compost après la taille favorise la croissance de ces rameaux jusqu'à l'automne. Les bonnes variétés sont les framboisiers 'Willamette', 'Jaune d'Hiver' et 'Meeker'.

Les framboisiers d'automne ont une fructification de la fin de l'été à octobre sur les rameaux poussés la même année. Après les récoltes, ils doivent tous être coupés à ras du sol. 'Himbo Top' et 'Autumn Bliss' comptent parmi les bonnes variétés.

Les groseilliers poussent bien dans de grands bacs ou des parterres surélevés sur la terrasse.

Fraise

Fragaria × ananassa, F. vesca ☼ ◐

Espacement entre les plants : 50 × 25 cm

Besoin en nutriments : moyen
Substrat : terreau ou compost-terre
Plantation : pour les variétés non remontantes et
les plants aux racines nues, d'août à septembre ;
pour les remontantes et les plants en pots, en avril
également
Durée de culture : 3 ans au maximum
Associations : ail et bourrache officinale

Les fraisiers du jardin (*Fragaria* x *ananassa*) sont
un croisement entre les fraisiers du Chili et ceux
de Virginie. Ils produisent de gros fruits sucrés et
de longs stolons qui créent de nouveaux fraisiers.
Les fruits des fraisiers des bois endémiques
(*Fragaria vesca*) sont plus petits et ont un arôme
bien particulier. Malheureusement, ils ne durent
pas aussi longtemps que les fraisiers du jardin.
Les fraisiers des quatre saisons (*Fragaria vesca* var.
semperflorens) sont un dérivé des fraisiers des bois ;

Des fraises dans un carré potager

ils sont un peu plus gros, ne produisent pas de
stolons, mais ont aussi des fruits très parfumés.
La récolte des fraises peut s'étendre sur des mois
en fonction du choix des variétés, d'autant plus
lorsqu'on plante plusieurs variétés remontantes ;
elles fructifient de juin jusqu'aux premières gelées.
De nombreuses variétés sont autofécondes, mais
la récolte n'en sera que plus abondante si vous
les mélangez. 'Mieze Schindler' est une variété de
fraisiers mâles stériles, qui a besoin d'une seconde
variété pour se reproduire. Dans le cas contraire,
les plants auront de magnifiques fleurs, mais ne
donneront pas de fruits.

Culture/soins : les fraisiers sont plantés des mois
d'été à septembre et initient, en automne, les
boutons floraux pour l'année à venir. Les fraisiers
plantés plus tardivement n'ont pas le temps de
développer de belles racines et gèlent en hiver pour
la plupart. Seules les variétés remontantes peuvent
être plantées au printemps (avril) pour une récolte
la même année, comme les plantes Frigo (voir
p. 127, astuce).
Si vous avez commandé des plants par Internet ou
vendus à distance, déballez-les dès leur réception
et plantez-les sans attendre. Ne vous fiez pas à
leur taille au moment de les planter : 6 plants par
mètre carré suffisent amplement. On reconnaît
les plantules saines et de qualité aux 3 feuilles au
minimum qui se développent au-dessus de la touffe
de racines compacte. Plantez-les de telle manière
que le cœur du plant soit juste au-dessus du sol
(terre ou substrat). Les plantules installées trop
profondément risquent de pourrir sur place. En
attendant que les plants soient à leur taille adulte,
vous pouvez semer entre eux de la laitue à couper,
de la mâche ou des épinards afin d'utiliser
la surface du carré potager de manière optimale.
Le seul moyen de lutter contre les merles et les
grives est de tendre un filet au-dessus de votre
parterre au moyen d'une construction en arc
ou d'une sorte de cage en baguettes de bois.
Il faut pouvoir le soulever sur un des côtés
pour l'arrosage, la récolte et l'entretien.

Fraises de jardin

Fraises sauvages

Dès l'apparition des premiers fruits, étalez une couche de paille sur la terre afin que les fraises ne pourrissent pas sur le sol humide, ni ne soient contaminées par la pourriture grise.

Après la récolte, coupez les feuilles extérieures, abîmées, et tous les stolons des espèces non remontantes, puis fertilisez avec du compost de manière à ce que le fraisier puisse produire de nombreux boutons floraux pour l'année suivante. Vous pouvez conserver les stolons pour faire des boutures : plantez-les simplement dans des godets ou dans le carré surélevé. La terre doit être humide, mais non mouillée jusqu'à l'apparition de racines. Les variétés remontantes ont également besoin début juillet et une seconde fois en septembre d'un ajout de fertilisant spécifique ou de compost. Au bout de 3, 5 ans au plus, les fraisiers sont vieux et doivent être remplacés par de jeunes plants. Si vous comptez les planter dans le même carré, il vous faut changer la terre sur 30 cm d'épaisseur pour minimiser les risques de maladies des racines.

Ravageurs et maladies : pourriture grise, limaces, anthonomes du fraisier, oiseaux

Bonnes variétés : fraises du jardin : variétés précoces : 'Lambada', 'Wädenswil 6' ; mi-saison : 'Mieze Nova', 'Senga Sengana', 'Korona' ; tardives : 'Pegasus, Malwina' ; variétés remontantes :

'Rimona', 'Mara de Bois', 'Merosa', 'Mountain Star' ; fraises des bois : 'Adriana' ; fraises des quatre saisons : 'Alexandria', 'Rügen'

Récolte et utilisation : les fraises doivent être récoltées dès qu'elles sont mûres. Les fruits verts ou blancs ne mûrissent pas après la cueillette, contrairement aux autres fruits, et restent durs et fades. Entreposées, notamment au réfrigérateur, les fraises perdent rapidement leurs saveurs. Aussi faut-il les consommer rapidement ou en faire des marmelades, des confitures ou des gelées. Les fraises se conservent très bien, en fruits entiers ou en morceaux.

Astuce pratique

Afin de prolonger la récolte, on peut recourir aux plants Frigo. Il s'agit de plantules de fraisiers arrachés en novembre et maintenues dans une hibernation artificielle à -2 °C jusqu'à leur plantation en mai. Neuf semaines après le repiquage, on peut faire la première récolte, soit bien plus tôt que pour des fraisiers normaux. Avec ce type de plants, vous pouvez faire des récoltes jusqu'en septembre.

Groseilles rouges 'Jonkheer van Tets'   *Cassis 'Lissil'*

Groseille

Ribes rubrum, Ribes nigrum

Espacement entre les plants : 1,3-1,8 m

Besoin en nutriments : moyen
Substrat : terreau pour jardinière, substrat pour toit végétalisé
Plantation : octobre à novembre, en pot toute l'année s'il ne gèle pas
Durée de culture : 15-20 ans
Associations : arbrisseaux à baies

Les groseilliers font des baies acidulées. Les rouges et les blanches appartiennent à la même espèce : *Ribes rubrum*. Le cassissier, qui donne des baies noires, appartient, quant à lui, à l'espèce *R. nigrum*. Les deux espèces sont autofécondes. La quantité et la taille de leurs fruits sont d'autant plus importantes si elles sont accompagnées par 1 ou 2 variétés différentes. En outre, vous prolongerez la période de la récolte de fin juin (variétés précoces), juillet (mi-saison) jusqu'à août (tardives).

Culture/soins : plantez les jeunes buissons en automne. C'est à ce moment-là qu'ils grandiront le mieux. Comme leurs racines restent en surface, ils doivent être régulièrement arrosés en cas de sécheresse. Dans un parterre surélevé, un emplacement ombragé est meilleur que le plein soleil, car les groseilliers n'apprécient pas particulièrement la chaleur. Au printemps, ajoutez de l'engrais pour arbrisseaux à baies ou quelques poignées de compost par plant. Cessez de fertiliser dès juillet afin que les rameaux puissent arriver à maturité. Si les groseilliers coulent – avortement prématuré des futures baies au printemps –, c'est sans doute dû à des nuits froides, à un temps humide et froid et/ou à la sécheresse. Les buissons aux nombreux rameaux latéraux ont parfois tendance à faire la même chose. Après la récolte, ou au printemps, coupez les tiges et les rameaux trop serrés et âgés de plus de 3 à 4 ans. En octobre, mulchez avec du compost ou de l'humus d'écorce afin de protéger les racines du froid.

Ravageurs et maladies : rouille, pucerons jaunes du groseillier, cécidomyies
Bonnes variétés : groseilles rouges : 'Jonkheer van Tets' (précoce), 'Rolan' (mi-saison), 'Rovada' (tardif) ; groseilles blanches : 'Blanka' (mi-saison), 'Versaillaise Blanche' (mi-saison) ; cassis : 'Ceres' (précoce), 'Chereshneva', 'Lissil' (mi-saison), 'Titania' (tardif)
Récolte et utilisation : fraîches, les groseilles ont un goût vraiment acide. Il est préférable de les déguster avec du sucre ou de la stevia.

Myrtille

Vaccinium corymbosum ☼-◑

Espacement entre les plants : 1-1,50 m

Culture/soins : comme les airelles, les myrtilles apprécient un sol acide et ne supportent pas le calcaire. Plantez-les dans un terreau pour rhododendrons ou dans de la terre de bruyère. Mélangez les variétés afin de pouvoir faire des récoltes de juillet à septembre. Comme les racines des myrtilles restent en surface, arrosez, tous les jours pendant l'été et en cas de sécheresse. Fertilisez au printemps avec un engrais pour baies, après les récoltes, les rameaux de plus de 3 à 4 ans.

Ravageurs et maladies : oiseaux

Bonnes variétés : précoces : 'Earlyblue', 'Patriot' ; mi-saison : 'Bluecrop', 'Poppins' ; tardive : 'Elizabeth'

Récolte et utilisation : les myrtilles ne mûrissent pas en même temps. Il faut les cueillir au fur et à mesure. Au réfrigérateur, elles se conservent environ 1 semaine.

Groseille à maquereau

Ribes uva-crispa ☼-◑

Espacement entre les plants : 1-1,30 m

Culture/soins : les variétés avec peu ou sans épines sont plus indiquées pour le carré potager surélevé. L'automne est la saison la plus appropriée pour la plantation, bien qu'elle soit également possible au printemps comme en été. Plantez différentes variétés pour une meilleure fructification. Évitez le plein soleil, les fruits se gâteraient. Fertilisez au printemps, éclaircissez après la récolte et coupez les rameaux les plus anciens (voir p. 125).

Ravageurs et maladies : oïdium et rouille

Bonnes variétés : 'Captivator', 'Rote Eva', 'Freedonia'

Récolte et utilisation : cueillez les fruits mûrs tous les 2 à 3 jours. Les groseilles à maquereau ne se conservent pas longtemps, il faut les consommer rapidement. Délicieuses crues, en marmelade ou en compote.

VIVACES ET FLEURS D'ÉTÉ
Une explosion de couleurs toute l'année

Si vous trouvez les légumes trop verts, transformez votre parterre surélevé en feu d'artifice avec des vivaces, des bulbes et des fleurs d'été. Ces dernières amènent de la couleur dans vos cultures pour une saison, les vivaces vivent longtemps et prospèrent des années dans un parterre surélevé.

LES FLEURS d'un parterre surélevé illuminent les regards. Elles sont parfaites lorsqu'on manque de temps, car la plupart demandent peu d'entretien.

Faciles à entretenir

Les fleurs d'été fleurissent sans interruption de mai-juin aux premiers gels. Si vous plantez des giroflées des murailles et des pensées à corne en automne, bien plus élégantes que les quelque peu kitsch pensées des jardins, elles fleuriront dès les premiers beaux jours de mars. Au printemps arrivent les annuelles comme les cosmos, les pavots de Californie, les tournesols, les cléomes épineux et les tabacs d'ornement. N'achetez pas de mélanges de fleurs des champs à semer, ils contiennent beaucoup de graines d'herbe.

Explosion de couleurs durable

Les vivaces sont des plantes durables qui poussent de nouveau chaque année au printemps. Formes, hauteurs et périodes de floraison sont aussi différentes que le choix des espèces et des variétés est vaste. Vous en trouvez pour tous les emplacements : à l'ombre, au soleil, dans des sols secs, humides ou mouillés. Jeter un coup d'œil dans le catalogue en ligne d'un pépiniériste en vaut la peine, car l'offre standard en magasin est bien plus faible. En outre, les jardiniers conscients de leurs responsabilités vous envoient les plantes au moment idéal pour les planter et non pas lorsqu'elles sont superbes. Les belles vivaces fleuries en pots ou en containers de votre jardinerie ne sont là que pour vous pousser à faire des achats compulsifs. Elles ne poussent pas très bien car, à ce moment précis, la plante est pour ainsi dire programmée pour fleurir et non pour faire des racines.

Bulbes : les messagers du printemps

Afin de profiter de belles fleurs dès mars-avril, plantez des bulbes en septembre-octobre. Les crocus ou les narcisses en pot, ayant servi de décoration de table pour Pâques, peuvent être plantés dans un carré surélevé après la floraison.

Mélange de légumes et de fleurs

Pourquoi séparer les plantes d'ornement et potagères ? Nombreux sont les légumes, comme les salades et les bettes, à faire de belles fleurs, et les aromatiques ont des fleurs à faire se pâmer les vivaces. Agrémentez vos plants de tomates d'une sélection de petites fleurs d'été, tels l'alysson maritime, les pensées à corne ou encore les lobélies. En un mot comme en cent : sentez-vous libre de planter ce que vous voulez !

Le rose éclatant du parterre surélevé offre un cadre idéal pour des vivaces colorées, des bulbes et des fleurs d'été.

FLEURS ET BOUTONS
Pour un été ou des années

Parterre surélevé ensoleillé avec un lit de graviers, oasis ombragée ou prairie de fleurs multicolores : la variété de fleurs d'été, de vivaces et de bulbes satisfait tous les goûts.

Cultures à l'ombre : tiarelles, népétas, carex et géraniums

LES PARTERRES SURÉLEVÉS

FLEURIS doivent avoir un lit de drainage en graviers et un substrat qui s'affaisse lentement. De nombreuses vivaces et fleurs d'été ont besoin de beaucoup d'eau et de nutriments. Elles prospèrent particulièrement bien dans un terreau riche pour jardinières. Les variétés qui, à l'état naturel, poussent sur des sols rocheux ou sableux, apprécient un substrat pauvre pour toit végétalisé ou du terreau pour jardinière, mélangé avec du sable. La plupart des vivaces d'ombre aiment une terre humide et humifère.

Vivaces et graminées

L'automne est la meilleure période pour planter vivaces et graminées. Lorsque les plantules sont repiquées en automne dans le parterre surélevé, elles peuvent faire des racines avant l'hiver. Au printemps, elles s'épanouissent et ont des fleurs plus belles que celles plantées après l'hiver, qui utilisent leur énergie pour pousser. C'est particulièrement vrai pour les pivoines, dont les tendres tiges de printemps rompent facilement et ne peuvent donc plus fleurir. Pour la plupart des vivaces, un ajout de compost avec des copeaux de corne au printemps suffit. Marguerites, dauphinelles élevées ou échinacées apprécient un second ajout en juillet. Après la floraison, laissez les tiges en place – elles servent d'abri à de nombreux petits animaux. En février au plus tard, avant la repousse, vous pouvez les couper et les composter.

Bulbes

Tulipe, narcisse, hyacinthe, galanthus, crocus et hellébore d'hiver, anémone de Grèce, nivéole de printemps… la liste des messagers du printemps est longue. Toutes les fleurs bulbeuses qui fleurissent au printemps ou au début de l'été doivent être plantées en automne, à une profondeur de trois fois leur taille. L'hellébore d'hiver (*Eranthis*) et l'anémone de Grèce (*Anemone blanda*) poussent plus rapidement si, avant la plantation, vous ramollissez leurs bulbes en les laissant une nuit dans l'eau. Faites attention à ce que le bulbe soit orienté dans le bon sens : la pointe doit être en haut et il reste quelques vieilles racines à la partie inférieure. Les racines des cyclamens poussent également sur la partie haute du bulbe. Les bulbes de perce-neige, quant à eux, sèchent rapidement. Aussi est-il préférable de les planter pendant ou juste après la floraison. Les bulbes de tulipes ont une partie bombée et une partie plate, qui donne la première grande feuille. Si vous plantez les bulbes au bord du parterre surélevé, cette partie plate doit être orientée vers l'extérieur afin que les fleurs ne retombent pas par-dessus le rebord de votre parterre, ce qui les ferait se casser. Après la floraison, les bulbes ont besoin d'un important ajout d'engrais afin de produire de nouveaux bourgeons pour l'année à venir. Ne coupez pas les feuilles, elles permettent au bulbe de reconstituer ses réserves.

Pantes d'été et annuelles

Les impatients achètent des fleurs prêtes à être repiquées mi- à fin avril dans leur parterre surélevé. Cosmos, tabac d'ornement ou cléome épineux fleurissent dès le mois de juin. Si vous avez plus de patience, semez en mars-avril, lorsque le gel n'est plus à craindre ; quelques semaines plus tard, vous pourrez vous réjouir de vos premières fleurs.

Un parterre en briques avec des penstémons, calamagrostis et aromatiques.

Les mélanges de graines contiennent des fleurs à floraisons précoce et tardive, et des variétés de plus ou moins bonne qualité.

Prairie de fleurs dans un parterre surélevé

En plantant, dans votre parterre surélevé, un mélange de fleurs pour balcon, vous aurez de la couleur pendant toute la saison. Au lieu de semer une seule variété, il est plus aisé de semer un mélange. Ils sont prévus pour donner une longue floraison. Beaucoup de ces mélanges ont également un thème : fleurs à papillons, fleurs odorantes, etc. : en plus d'introduire de la beauté dans votre jardin, ils le rendent vivant. Les nombreuses fleurs ou herbes attirent de nombreux insectes, parmi eux, des auxiliaires comme les syrphides, les coccinelles ou les chrysopes vertes – qui s'en prennent aux pucerons des salades voisines. Les fleurs d'été ont besoin de peu d'entretien et poussent (presque) sans être arrosées.

RAVAGEURS ET MALADIES
Une aide rapide en cas de problèmes

Même si vous soignez bien vos cultures, que vous les arrosez régulièrement et apportez des nutriments en quantité suffisante, nuisibles ou maladies peuvent apparaître. La plupart peuvent être combattues avec des méthodes biologiques.

Les psylliodes sont de petits coléoptères de 1,5-3 mm aux élytres luisants particulièrement friands des feuilles de chou-rave, de chou, de radis et de roquette. Ils causent de petits trous et des affaissements. Comme ils aiment les sols secs, gardez une humidité constante. Plantez des épinards et des salades entre les plants de choux.

↑
La pourriture brune est rare dans les parterres surélevés si les plants de tomates poussent dans du terreau. Afin de prévenir une infection par ce champignon, construisez un toit au-dessus de vos tomates. Choisissez également des variétés résistantes.

← *Les piérides du chou* sont des papillons blancs et noirs. Leurs chenilles peuvent dévorer des plants de salade en entier en un temps record. Contrôlez régulièrement vos cultures, rassemblez les chenilles et les œufs, ou tendez un fin filet au-dessus du parterre surélevé.

Les pucerons, lorsqu'ils arrivent en nombre, peuvent causer des dommages aux tiges. Ils redoutent le savon noir. Vous pouvez également recouvrir votre parterre d'un filet de protection.
↓

← *Les mouches des légumes* pondent leurs œufs au commencement des racines des carottes, des panais, des oignons, des poireaux et de tous les choux. On peut s'en prémunir en entourant le collet de chaque plant de choux d'un carré de carton. Les autres légumes doivent être protégés par un voile anti-insectes.

← *Le faux mildiou* s'en prend à de nombreux légumes et laisse sur la surface supérieure des feuilles des taches marron-jaune. La surface inférieure est recouverte d'un duvet gris. Vaporisez un mélange de lait et d'eau (1 : 9).

Le vrai mildiou se caractérise par un dépôt → gris-blanc sur la surface supérieure des feuilles et les tiges de nombreux légumes par temps sec et chaud. Pulvérisez de l'engrais pauvre en azote et des agents de renforcement pour végétaux.

← *Les tétranyques* sont friands de pois et de concombres par temps sec et chaud. Pulvérisez les feuilles à l'eau, de bon matin, lorsqu'il fait chaud. En plein été, vous pouvez également lâcher des chrysopes, qui seront un très bon auxiliaire pour en venir à bout. Vous pouvez vous les procurer sur Internet ou dans des jardineries.

↑ *Les tordeuses du pois* sont les larves d'un petit papillon qui creusent des trous dans les cosses. Retirez les fruits infectés. Les plants repiqués ou semés précocement y sont moins sensibles.

← *Le mildiou du groseillier à maquereau* infecte les feuilles, les tiges et malheureusement les fruits. Optez pour des variétés rustiques et immunisées. Une pulvérisation à base de soufre mouillable est aussi une solution.

Les cécidomyies du groseillier causent → l'apparition d'excroissances de la plante et de déformations des jeunes feuilles. Coupez les tiges infestées. Vous pouvez également pulvériser du purin de tanaisie de manière prophylactique. Mélangez 100 g de tanaisie fraîche dans 1 l d'eau, laissez infuser pendant 24 heures et pulvérisez abondamment sur la plante.

↑ *La pourriture grise de la fraise* sévit surtout par temps froid et humide. Un mulch de paille de 5 cm d'épaisseur évite aux fraises d'être en contact direct avec le sol mouillé. Faites des récoltes régulières pour que le champignon ne se développe pas.

COMPAGNONNAGE
Des cultures mixtes prospèrent mieux

Les cultures associées se protègent réciproquement contre les nuisibles et les ravageurs et favorisent mutuellement leur croissance. Il y a également des associations à éviter, car elles portent préjudice à une ou plusieurs plantes voisines.

ESPÈCES VÉGÉTALES	BONNES ASSOCIATIONS	MAUVAISES ASSOCIATIONS	REMARQUES
Salade asiatique	Haricot, pois, salade, épinard, tomate, bette, carotte	Fraise, ail, chou-rave, brocoli, oignon	Mélanger avec de la laitue à couper
Aubergine	Chou-rave, radis rouge, épinard	Brocoli, chou-fleur, pois, concombre	–
Basilic	Tomate	–	Le basilic attire les pollinisateurs
Chou-fleur	Salade, pois, haricot, tomate, céleri, bette, carotte	Fraise, ail, chou-rave, oignon	Précède la mâche
Haricot	Salade, fraise, brocoli, chou-rave, salade asiatique, bette, radis rouge, betterave, aneth, fraise, sarriette	Fenouil, ail, poireau, oignon, pois	Bonne culture pour les choux, la courgette, la courge ; la sarriette repousse les pucerons
Brocoli	Salade, pois, haricot, tomate, céleri, fenouil	Fraise, ail, chou-rave, oignon	Semer de la laitue à couper entre les plants pour occuper l'espace
Aneth	Haricot, pois, chou, salade, carotte, betterave	–	Accentue la germination des carottes
Pois	Chou-rave, salade, radis, radis rouge, fenouil, carotte, panais, persil tubéreux	Haricot, oignon, chou, poireau, tomate, oignon	Bonne culture pour semer/planter chou, courgette et courge
Fraise	Bourrache officinale, ail	Chou	–
Mâche	Chou, poireau, tomate	–	–
Fenouil	Concombre, pois, salade, endive, radicchio	Haricot, radis rouge, radis, tomate	–
Concombre	Haricot, pois, fenouil, ail, chou, salade, oignon	Tomate, radis	Précède l'épinard

ESPÈCES VÉGÉTALES	BONNES ASSOCIATIONS	MAUVAISES ASSOCIATIONS	REMARQUES
Ail	Fraise, concombre, carotte, betterave, tomate	Haricot, pois, chou	–
Chou-rave	Haricot, pois, salade, épinard, tomate, bette, carotte	Brocoli, chou-fleur, salade asiatique, roquette	–
Courge	Haricot, laitue à couper, oignon		–
Bette	Chou-fleur, chou-rave, brocoli		–
Carotte	Aneth, pois, poireau, bette, endive, radicchio	Betterave	Pas d'oignon avec les carottes tardives
Poivron et piment	Basilic, tomate, chou-rave, chou-fleur, brocoli, salade, ail	Pois, fenouil, betterave	Succède aux radis et à la salade, semés ou repiqués
Panais	Aneth, pois, poireau, bette, endive, radicchio	Betterave	–
Persil	Radis, tomate, fraise, courgette	Salade, céleri	–
Poireau	Chou-fleur, brocoli, fenouil, chou-rave, bette, tomate	Haricot, pois, betterave, céleri	–
Radis	Chou-fleur, brocoli, haricot, salade, bette, carotte	Fenouil	–
Betterave	Chou-fleur, brocoli, haricot, concombre, chou-rave, salade	Carotte, céleri, bette, épinard	Succède au chou-rave ou à la salade
SALADES :			
Endive, radicchio	Fenouil, laitue pommée, carotte, tomate, oignon	–	–
Laitues pommée et à couper	Presque tous les légumes	Persil, céleri	Le cerfeuil éloigne les pucerons et les fourmis
Ciboulette	Carotte, panais, betterave, salade	Poireau, haricot	Ne pas cultiver avec les carottes tardives
Céleri	Haricot, brocoli, poireau, tomate	Salade	–
Épinard	Chou, radis, tomate	Betterave	–
Tomate	Basilic, persil, céleri, tagète, souci officinal	Brocoli, chou-fleur, pois, concombre	Cultiver après l'épinard
Persil tubéreux	Aneth, pois, poireau, bette, endive, radicchio	Céleri	–
Courgette	Poireau, pois, salade, oignon	–	–
Oignon, échalote	Carotte, panais, betterave, salade	Poireau, haricot	Ne pas cultiver avec les carottes tardives

Index

À PROPOS DE L'AUTEUR :

Folko Kullmann est ingénieur agronome. Après ses études d'agronomie à Freising, il a soutenu son doctorat à l'université technique de Munich. Il a travaillé ensuite dans la plus grande pépinière d'Europe puis aux Jardins botaniques royaux de Kew, à Londres, puis chez un éditeur d'ouvrages pratiques à Stuttgart. Depuis 2004, il ne se contente pas seulement de vivre sa passion verte sur son balcon ou au jardin, mais travaille également comme auteur, éditeur et traducteur de livres de jardinage. Depuis 2008, il dirige avec son associé un bureau de rédaction spécialisé sur les thèmes du jardin à Stuttgart.